ケズィック・コンベンション説教集

2019

聖なるたたずまい

Christlikeness

ALL ONE IN CHRIST JESUS

日本ケズィック・コンベンション

表紙デザイン：ロゴスデザイン　長尾　優

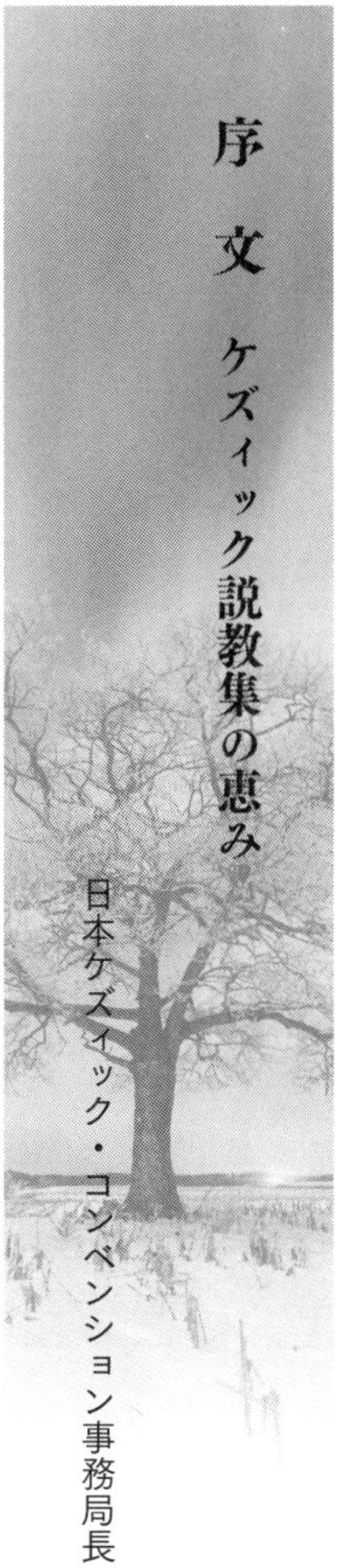

序文　ケズィック説教集の恵み

日本ケズィック・コンベンション事務局長　錦織　寛

ケズィックの説教集が今年も出る。本場のイギリスのケズィックでも同じような説教集が毎年出版されるのだが、イヤーブック（Year Book）とも言う。この説教集は二〇一九年二月の各地のケズィック大会の説教集である。このようにして、毎年の説教集をそろえていくのは、とても楽しい。

昨年もケズィックに出席した者たちにとっては決して新しい説教ではない。また実際に説教を聞いた者にとっては、通訳付きとは言え、一時間あまりの説教をこれだけの長さにしてしまうということになると、少し残念な気持ちになる。もったいないとも思う。やはり実際に、多くの犠牲を払い、また時間をささげてでも、その場に身を置くのが一番だ（ＣＤやＣＧＮＴＶによるネット放送もされているのだが、それもまた集会そのものに出席する代わりにはならない。なかなかＣＤやテレビの前に一時間座っているのはやはり厳しいのだ）。

ただそれでも、イヤーブックを手に取って、開くのは大きな恵みだ。そこに参加できなかった者たちにとってはすばらしい神様の恵みに新しくふれることになるのだが、参加した者たちにとってももう聞いたからいいということではなく、すばらしい祝福になる。

それを開いて読むときに、自分が参加していたケズィック大会の恵みの記憶が鮮やかによみがえってくる。私たちはやはり忘れやすいのだ。その点、本は何度も開いて読むことができる。ポイントや小見出しもついていたりするので、説教の流れも追いやすい。そのようにして、もう一度、主の恵みの御言葉に聞き直すことができる。

ざっと読む、ゆっくり精読する、行ったり来たりしながら何度も読み直す。一気読みもよい。ただ、読み出すと一気に読みたい気持ちが押さえられないのも分かるけれど、やはり、ゆっくり一編ずつ読んで、味わうのがやっぱりいい。ケズィックの講師たちが祈って備え、祈って存在をかけて語った珠玉の説教だ。不思議に御言葉が迫ってくる。読んでは祈り、祈っては読む。何というぜいたくだろう。

そして、また渇きが深まっていく。楽しみになる。新しい年のケズィックに対する期待が高まってくるのだ。

２０１９年11月14日

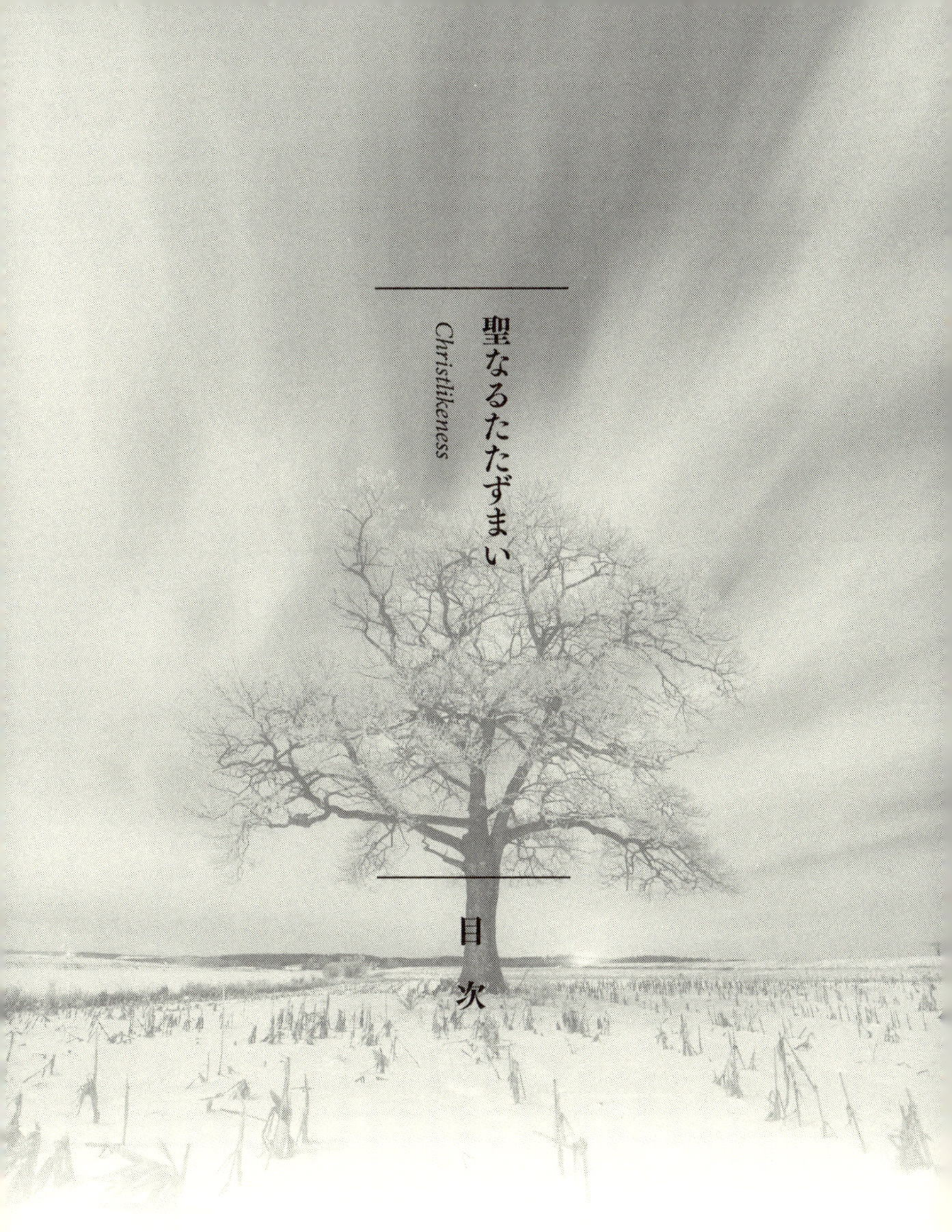

聖なるたたずまい

Christlikeness

目次

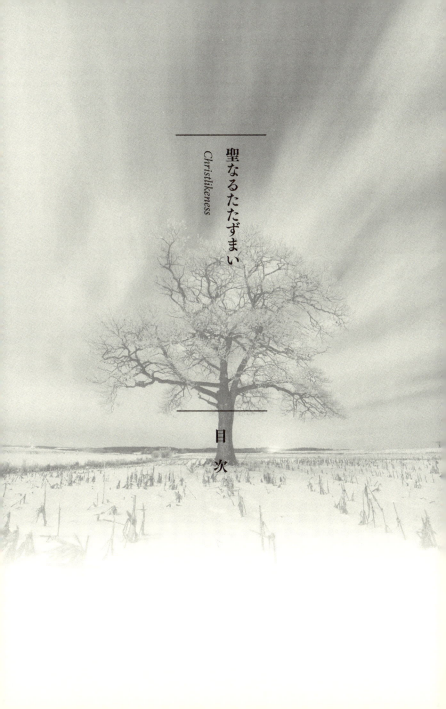

序文　ケズィック説教集の恵み …… 錦織　寛 3
〈バイブル・リーディングⅠ〉…… ジョナサン・ラム 9
神の召しに応えていく（エレミヤ書 1章）
〈バイブル・リーディングⅡ〉…… ジョナサン・ラム 21
神の言葉にコミットする（エレミヤ書 36章）
〈バイブル・リーディングⅢ〉…… ジョナサン・ラム 32
希望の土台となるもの（エレミヤ書 32章）
〈聖会Ⅰ〉…… デビット・オルフォード 42
新しい歌を歌え（ヨハネの黙示録 5章1～14節）
〈聖会Ⅱ〉…… 藤本　満 51
終わりまで行け（ダニエル書 12章13節）
〈聖会Ⅲ〉…… デビット・オルフォード 61

失望を乗り越える（ハガイ書 2章1〜9節）
〈早天聖会Ⅰ〉……鎌野善三 71
クリスチャンの喜びの源（ローマ人への手紙 5章1〜11節）
〈早天聖会Ⅱ〉……新川代利子 80
向こう岸に渡ろう（マルコによる福音書 4章35〜41節）
〈レディス・コンベンション〉……藤本 満 88
かめの粉は尽きず（列王記 第一 17章16節）
〈教職セミナー〉……ジョナサン・ラム 98
第一のものを第一に（コリント人への手紙 第二 4章1〜6節）
〈信徒セミナー〉……デビット・オルフォード 108
なお忠実に（ヨシュア記 14章6〜15節、15章13〜19節）
〈ユース・コンベンション〉……川口竜太郎 117
神の言葉を握って（ヨシュア記 1章1〜9節）

〈第54回大阪ケズィック・コンベンション　聖書講解〉……ジョナサン・ラム　127
私たちが地上の旅路で必要とするすべてのもの（ヨシュア記　1章1〜11節）
〈第53回北海道ケズィック・コンベンション〉……ジョナサン・ラム　136
神の摂理との苦闘（ルツ記　1章）
〈第29回九州ケズィック・コンベンション〉……デビット・オルフォード　146
主をお喜ばせしたいという願い（詩篇　19篇）
〈第27回　沖縄ケズィック・コンベンション〉……デビット・オルフォード　155
あなたと私への福音のメッセージ（テモテへの手紙　第二　2章1〜7節）
〈第13回東北ケズィック・コンベンション〉……竿代照夫　161
聖なるものとされている恵み（ヘブル人への手紙　10章10〜18節）
あとがき……大井　満　173

〈バイブル・リーディング〉

神の召しに応えていく

ジョナサン・ラム

エレミヤ書 1章

エレミヤ書は非常に長く、複雑な預言書ですが、私たちにとって励みになるメッセージが散りばめられています。

迫害や困難の中で

日本の文化の中でクリスチャンとして生きることは恵みであり特権です。しかし、そこには困難が伴うことを皆さんはよく分かっておられると思います。世界でも同じことが言えます。キリスト教への圧力が強まっているのです。世界における宗教への迫害のうち90%はキリスト教へのものだという報告があります。世界では2億人ものクリスチャンたちが迫害下にあると言われ、殉教するクリスチャンが毎年20万人もいると言われているのです。

この数字を見ると、クリスチャンとして生きるのには犠牲が伴うということがわかります。聖書もそのことを現実的にはっきりと表しています。これから見ていくエレミヤ書もそのような迫害について書かれた書物です。私たちが信仰のために立ち上がるとき、どのような困難や犠牲が伴うのかを教えています。しかし、同時に励ましの言葉も散りばめられているのです。

エレミヤの時代（1～3節）

まず初めに、エレミヤが生きた時代背景を見ていきましょう。第一に、エレミヤの生きた時代は政治的に不安定な時代でした。エジプト、アッシリア、バビロニアがそれぞれの権力争いをしていた時代です。もし当時の人々が新聞を読んでいたとするなら、どの国が勝つのか、ということが紙面を騒がせているような状況です。また、神の民に対する災いが起ころうとする時代でもありました。イスラエルの民は捕囚され、美しい都エルサレムも破壊されてしまいます。2節と3節を読むと、その時代がどれほど不安定だったかが分かります。内政も不安定で、ユダの国は4人の王が次々に替わっていくような状態でした。しかも、不審な死を遂げているのです。史実によると、実はあと2人王がいたのですが、統治期間があまりにも短かったため名前が出ていないのです。つまり、40年の間に国王が6人も替わるような不安定な状況だったのです。

第二に、当時の人々のモラルが混乱していました。エレミヤはマナセ王の時代に生まれました。マナセ王は本当にひどい王でした。偶像礼拝を人々に勧め、子どもを生贄にし、エルサレムの神殿の中にまで偶像礼拝を持ち込んだ王でした。その結果、ユダの国のモラルが低下していったのです。エレミヤが預言者として活躍する頃は、ヨシヤ王の時代に入っていました。彼は良い王で、信仰復興のためにできる限りのことを行いました。しかし、時は既に遅く、国内は完全に混乱していて、どうすることもできない時代だったのです。このような状況のなかで神はエレミヤを召したのです。

1 神の召し（4～5節）

まず4～5節に、「主の召し」について書いてあります。聖書の中で預言者が神から召しを受けるときには、それぞれ印象に残るストーリーがあります。例えば、モーセには燃える柴の体験がありました。サムエルは子どもの時に神の声を聞きました。イザヤは神殿にいるときに幻を見ます。そのように召されたという経験は、彼らのその後の働きに非常に重要なものでした。同じように、神は若いエレミヤにも召しを与えました。エレミヤへの召しも聖書の中の印象的なストーリーの一つではないでしょうか。エレミヤの召しの場面を共に見ていきましょう。神はエレミヤに三つの励ましを与えています。

(1) わたしはあなたを知っていた

神はエレミヤに、「わたしは、あなたを胎内に形造る前からあなたを知り、あなたが母の胎を出る前からあなたを聖別し、国々への預言者と定めていた」(5節)と伝えました。旧約聖書で使われる「知る」という言葉には、ただ情報として知るというだけではなく、人格的に交わるという意味があります。神はエレミヤに、彼が生まれる前から、彼を知り、彼に対し計画を持っておられたこと、そして彼自身が神の作品なのだということを伝えました。これは若くて自信のないエレミヤにとって大きな励ましとなったのです。

これはエレミヤだけでなく、すべてのクリスチャンに当てはまることでもあります。神は、私たちが母親の胎内で形造られていく時から、私たちの人生を備えてくださっているのです。パウロはローマ書8章で、「神はあらかじめ知っている人たちを、キリストに似たものとなるように定めた」と述べています。また、マタイの福音書では、「神はあなたの髪の毛の数まで知っている」と言っています。神は私たちのことを、どんな小さなことまでも、すべて知っておられるのです。

(2) わたしはあなたを聖別した

5節で言われているもう一つの励ましは、神はエレミヤを聖別したということです。聖別するとは、一つの働きのために取り分けるということです。神はエレミヤに使命を与え聖別したのです。将来どのような働きをするのか分からなかったエレミヤにとって、神が使命を与えられたという事実が大きな励ましとなったのです。このこともまた私たちにも語られていることです。神が私たちを選び、私たちを召してくださいました。私たちも選ばれ、特別な使命を与えられているのです。

(3) わたしはあなたを任命した

三番目の励ましは、神はエレミヤを国々への預言者と定めていた、ということです。エレミヤの使命はただエルサレムだけでなく、ユダの国だけでなく、世界に及ぶ働きだと、神が決められていたのです。神の主権は限られた一部の人だけに適応されるものではありません。神の主権は全世界に及ぶのです。ですからエレミヤの働きも、世界中の国々に対するものでした。私たち一人一人も同じように神から召されているのです。

私たちも、近くの人に仕えると同時に、すべての地域、すべての国の人々にも仕える使命があるのです。神からの召しに対してエレミヤはどのように応答しているでしょうか。

2　神からの保証（6〜9節）

神の召しというのは、大抵、予期していないとき、しかも準備できていないときにやってきます。モーセは話すことが苦手でしたし、ペテロは自分の罪深さを知って躊躇していました。エレミヤは「神様、私はどう語って良いのかわかりません。まだ若いのです。神様、人選を間違えています。私には経験がありません。髭も伸びてないし。どうして預言者になれますか」という状態だったのです。このように、エレミヤは与えられた責任から逃れたい想いでいっぱいでした。当時のエルサレムの荒廃を考えれば、エレミヤがこのように反応したのも理解できます。

神のために働こうとする時、私たちも自分の弱さを感じます。しかし、聖書の中に書かれている人々も弱さの中で、神から保証を与えられていることが分かります。神はパウロに対し「私の力は弱さのうちに完全に働くのだ」と言われました。私たちが弱さを覚えるときでも、私たちがするべき働きができるように、聖霊が助けてくださるという保証を与えてくださっているのです。エレミヤに対して神は三つの保証を与えています。

（1）　わたしはあなたと共にいる

一つ目は、「わたしはあなたとともにいる」という保証です。これは聖書全体を通して語られていることです。モーセに対しても、ヨシュアに対しても、パウロに対しても、そして私たちにも言われているメッセージです。

(2) わたしはあなたを助ける

二つ目は、「わたしはあなたを助ける」という保証です。エレミヤが神の働きをするためには、神学的な知識だけではなく、神が共にいて助けてくれるという確信が必要でした。エレミヤはたった一人で、祭司や指導者たちに立ち向かって行かなければなりませんでした。そのような中でエレミヤは40年働きを続けました。それは神が共にいてくださり、救い出すと約束してくださったから可能だったのです。

(3) 語るべきことばを与えた

三つ目は「わたしのことばをあなたの口に与えた」という保証です。「私はどう語っていいか分からない」と言うエレミヤに対し、神は「私があなたの口にことばを与えた」と言われました。この時エレミヤは、神の霊感を受けて語る者に変えられたのです。

神は、私たちに対しても、「あなたの口に触れた」と言ってくださいます。混乱や真理を見失った時代に生きる私たちにとっても、神が与えたみ言葉に確信を持ち生きることが大切です。み言葉を聞く者が、本当の主権がどこにあるのかを知るのです。

3　神のメッセージ（9～16節）

次のセクションのテーマは「神のメッセージ」です。神はエレミヤを「引き抜き、引き倒し、滅ぼし、壊し、建て、また植えるために」（10節）任命したと言われます。エレミヤが語るメッセージは神の裁きのメッセージであると同時に、将来の希望に関するメッセージでもあります。エレミヤはユダヤの民に対して、神の裁きが来るということを宣言しなければいけませんでした。そして彼は涙を流しながら語ったのです。ですので、彼は「涙の預言者」とも言われています。彼は深い愛の心を持ち、忠実に神の裁きを語りました。9～16節で語られている二つのメッセージを見ていきましょう。

(1)　アーモンドの枝の幻

エレミヤには二つの幻が与えられました。一番目はアーモンドの幻です（11節）。ごく普通のアーモンドの枝の幻ですが、ポイントは、そのシーズンで一番先に咲く花だということです。日本で言えば、桜が咲くと春が来たと思わせるような花なのです。つまり春の訪れを暗示する花なのです。アーモンドの花が咲くと冬が終わることを知るのです。ヘブル語では、アーモンドを表す言葉が、「見守る」という言葉や「目を覚ます」という言葉に似ています。つまり、この幻にはみ言葉の実現の時がやってきたという希望のメッセージが込められているのです。

(2) 煮え立った釜の幻

二つ目の幻は煮え立った釜です(13節)。大きな鉄の釜に煮えたぎった液体が傾いている幻でした。これは、ユダに北側から悪がやってくるというメッセージです。「今わたしは、北のすべての王国の民に呼びかけている。——主のことば—— 彼らはやって来て、エルサレムの門の入り口で、周囲のすべての城壁とユダのすべての町に向かい それぞれ王座を設ける」(15節)。この厳しいメッセージに関しても、エレミヤは忠実に語りました。

エレミヤはメッセージを語らざるを得ない状況を「神のことばが私の骨の中でうごめいている。私の心の中で煮えたぎっている」と表現しました。私たちの生活の中で、神の言葉はそのように働いているでしょうか。神の言葉を語るということに関して、エレミヤが語ったような情熱を持っているでしょうか。

今日はここまで1. 神の召しについて、2. 神からの保証、3. 神のメッセージについて見てきました。最後に、4. 神が備えてくださるもの、について見ていきます。

4　神の備えについて（17〜19節）

私たちは皆、内容は違いますが、神に仕えて生きるように召されています。自分の力や能力を見ると、あまりにも小さくて神の働きなんてできないと感じることもあると思います。また教会を見ても一つ一つは小さく、無力だと思ってしまうことがあると思います。エレミヤも同じような想いを抱えていました。そのようなエレミヤに神がすばらしい約束をしています。

「見よ。わたしは今日、あなたを全地に対して、ユダの王たち、首長たち、祭司たち、民衆に対して要塞の町、鉄の柱、青銅の城壁とする」（18節）。

ある学者は、ここで書かれている要塞の町とはエレミヤの孤独を表していると解釈しています。しかし、私は神が約束しているのは、字のごとく、要塞のように強くするという意味だと解釈しています。神は「私のところにあなたが必要なものはすべてある。だから敵対する王、首長、民衆に対して立ち上がりなさい」と言っているのです。

さらに神はエレミヤに約束します。「彼らはあなたと戦っても、あなたに勝てない。わたしがあなたとともにいて、――主のことば――あなたを救い出すからだ」（19節）。

この言葉は、エレミヤの生涯において励みになったと思います。そして、神は皆さんにも同じ約束をしているのです。私は以前妻と東ヨーロッパの共産圏を訪れたことがあります。旧東ドイツで行われた集会に車で向かっていました。しかし道に迷ってしまいました。夕暮れどきであたりは暗くなり、ガソリンも底をつきそうな状態でした。そんな時、道を尋ねた老夫婦が、なんと私たちの目的地の近くに住んでいることがわかったのです。私たちは、彼らを車に乗せ、目的地まで辿りつくことができたのです。

この時私は、ガイドが横にいるということは、案内状を持っているよりすばらしいことだと思いました。同じように、神は遠くから指示をするだけの方ではありません。私たちのすぐそばで共に旅を続けてくださるお方なのです。「わたしはあなたとともにいる、わたしはあなたを助ける」と約束してくださる方なのです。

皆さんも、主のために働くとき、寂しさや孤独を感じることはないでしょうか。プレッシャーを感じることはないでしょうか。神はエレミヤを力づけたように、私たちにも力を与えてくださいます。パウロも弱さの只中にあって、神の力を見出しました。神は弱さを覚えるパウロに「わたしの恵みはあなたに十分である。私の力は弱さのうちに完全に現れるからです」と言いました。同じように、私たちがプレッシャーを感じる時、困難な中でみ言葉を宣べ伝えなければならない時、神が力を与えてくださるのです。

今日はエレミヤ書の1章を見てまいりました。エレミヤが生きた時代は、今の日本とは大分違いますが、神が与えてくださる約束と保証は変わりません。ぜひ今日のメッセージを覚えて主の業に励んでください。(1) 神があなたを選び召してくださいました。(2) 神はあなたに、「わたしがともにいる」という保証を与えてくださいました。(3) 神があなたに語るべきメッセージを与えてくださるのです。(4) そして神が、あなたの働きに必要なものすべてを与えてくださるのです。

お祈りしましょう。

(文責 阿部頼義)

〈バイブル・リーディングII〉

神の言葉にコミットする

ジョナサン・ラム

エレミヤ書36章

神の言葉には力がある

あるイギリスの新約聖書学者は「聖書を研究することは、電流が流れている状態で、電気の配線の仕事をしているようなものだ」と言いました。神の言葉には力があります。歴史上多くの人々がそのことを経験してきました。マルチン・ルターも「聖書は生きていて、手があって私を握りしめる。足があって私を後ろから追いかけてくる」と、み言葉の力を言い表しました。もちろん、聖書の中にも「神の言葉に力がある」ということが、たくさん書かれています。エレミヤ書では「神の言葉は骨の中に閉じ込められている炎のようなものだ」。「岩を打ち砕くハンマーのようなものだ」という表現がありますし、使徒パウロは「神の言葉は剣のようなものだ」と言いました。さらに、イエス・キリストご自身も種蒔きの例えを用いて、み言葉の力を話されました。神の言葉は小さな種のようで、一見意味のないように見えますが、良い土に蒔かれて成長するときに、大きな収穫をもたらすというのです。

神の言葉のために立ち上がったエレミヤ

エレミヤも、神の言葉の力を体験した一人でした。当時、ユダの国は政情不安定で、信仰的にも道徳的にも堕落していた時代でした。ユダヤ教のリーダーたちでさえ、神の言葉を軽視するような時代でした。そのような時代に、エレミヤは神の言葉の力を体験し、その言葉を語り続けたのです。

今日はエレミヤ書36章を三つの場面 1．神の言葉が明らかに示された、2．神の言葉が拒絶された、3．それでも神の言葉は生きて働く、に分けて見ていきたいと思います。

1　神の言葉が明らかに示された

(1)　危機的な時代のための神の言葉

「あなたは巻物を取り、わたしがあなたに語った日、すなわちヨシヤの時代から今日まで、わたしがイスラエルとユダとすべての国々について、あなたに語ったことばをみな、それに書き記せ。ユダの家は、わたしが彼らに下そうと思っているすべてのわざわいを聞いて、それぞれ悪の道から立ち返るかもしれない。そうすれば、わたしも、彼らの咎と罪を赦すことができる」

（エレミヤ書36章1～3節）。

ここに書かれているように、神がエレミヤに言葉を与え、神の言葉を明らかに示されました。その目的は、危機的な状況の中にあるユダの民が、神の言葉を聞いて神に立ち返って欲しいというものでした。

36章に来るとユダの内政は、1章の時代よりもはるかに悪くなっています。バビロニア帝国のネブカドネツァル王がエジプトを破り、エルサレムまで近づいていたのです。エルサレムはますます無防備になっていて、住民たちは自分たちの命が明日どうなるかわからない状況でした。エレミヤが預言していたことが、現実のものになりつつある状況だったのです。

そこで、エルサレムの民は危機が迫る状況の中で、断食の日を決めて神に祈ることにしました。これは国を挙げての緊急事態でしたが、エレミヤにとっては、タイミングの良い時でした。なぜなら国中の人に神の言葉を伝えるチャンスだったからです。その時、神はエレミヤに、ユダ全体に神の言葉を伝えなさいと言われたのです。しかし、エレミヤ自身は閉じ込められており、群衆に語ることができない状況でした。そこで、バルクに口述して書かせ、彼が大きな巻物を手に持って、主の神殿に行って群衆に読み聞かせました。

(2) 神の言葉は真理である

この箇所に書かれているように、聖書は、人間の記者が書き記したものです。しかし、その背後には神の霊が働いているのです。だからこそ、神の言葉は真理であり、ダイナミックな力を持って働きます。神ご自身が直接この言葉を語っておられるからです。同じことが新約聖書にも書かれています。

「こういうわけで、私たちもまた、絶えず神に感謝しています。あなたがたが、私たちから聞いた神のことばを受けたとき、それを人間のことばとしてではなく、事実そのとおり神のことばとして受け入れてくれたからです。この神のことばは、信じているあなたがたのうちに働いています」

(テサロニケ人への手紙 第一 2章13節)。

ここではテサロニケの教会の人々が、どのように神の言葉を受け取ったのかが書かれています。この節に二つの大切なことが書かれています。一つは、彼らが、ただの言葉ではなく神の権威を帯びた真理の言葉として受け入れたということ。もう一つは、その神の言葉が彼らのうちで働いているということです。つまり、み言葉は私たちを内側から造り変える力を持ち、私たちの生き方そのものを方向転換する力を持っているのです。私たちはこの神の言葉によって新しい道へと導かれていくのです。

アフリカのジンバブエにある聖書協会の主事が一冊の聖書をある人に渡しました。その人はキリスト教が大嫌いな人でした。彼は、聖書をもらっても、それを破って巻きタバコにしてしまうだろうと言ったのです。すると聖書協会の方は、「いいでしょう。この新約聖書をあげますので、一ページずつ読んでからタバコにして吸ってください」と言ったそうです。それから数年後に彼と再会した時、彼は嬉しそうに彼の人生に起こったことを話したそうです。「私はまずマタイの福音書でタバコを吸いました。次にマルコ、ルカと吸いました。しかし、ヨハネの3章16節の言葉を読んだ時に、それ以上タバコにして吸うことができなくなりました。その時、私は主ご自身と出会ったのです。そして今私はクリスチャンとなり、教会の一員となりました」。

神の言葉はダイナミックで人生を変える力があるのです。み言葉は、私たちを神の臨在へと導く真理の言葉なのです。

(3) 神の言葉は真理全体を表す言葉である

2節に「語った言葉みな」と書かれています。それは神の裁きと憐れみを表す言葉です。エレミヤは自分が受けた言葉を語る時に、決して妥協することがありませんでした。聴衆が喜ぶような言葉だけを選んで語るようなことはしませんでした。彼は、神が語りなさいと言ったことはみな語ったのです。つまり神の怒りと憐れみ、両方を語ったのです。

エレミヤの時代と同じように、今日の日本も霊的に危機的な状況です。私たちは、神の真理の言葉、権威ある言葉を受けているのですから、恐れずに神の計画の全体を伝えていかなければいけません。エレミヤの時代に神の言葉が明らかに示されたように、今日の日本においても示されているのです。

2 神の言葉が拒絶される

36章の中盤に来ると、神の言葉が拒絶されていく様子が描かれています。聖書の中でも、これほどはっきりと神の言葉を拒絶する場面は珍しいです。24節を見ると「これらすべてのことばを聞いた王も、彼のすべての家来たちも、だれ一人恐れおののくことはなく、衣を引き裂くこともしなかった」とあります。続く25節で、側近たちが巻物を投げ捨てないでくださいと真剣に頼んでいますが、この若いエホヤキムはみ言葉に心を傾けることはなかったのです。彼の心に、自分が王座に座っているという高ぶりや自惚れがあったのです。

残念ながら、現代でも多くの人が神の言葉を受け入れなくなっています。私の近所に住む人は、良い人ですが、神の言葉は知りたくないという感じです。多くの学生たちも自由に生きたいと思い、神の言葉に懐疑的な態度をとります。また、私の国イギリスはキリスト教国家と思われているかもしれませんが、統計によると、クリスチャンの半分の人は日曜礼拝の時しか聖書を読まないそうです。

なぜ人は神の言葉を拒絶するのでしょうか。それは、人々が好きなように自由に生きていきたいと考えているからではないでしょうか。しかし彼らの生き方は本当に自由だと言えるでしょうか。

たとえば、金魚をガラスの容器に入れ、台所に置いて飼っていたとします。もし、その金魚が自由を欲して、外に飛び出したとしたら、その金魚はキッチンの床に落ち、自由を得るどころか死んでしまいます。しかし、もし金魚が川や湖に飛び込むなら、より自由に生きることができるようになるでしょう。なぜなら、それが、金魚が生きるために与えられた環境だからです。

私たち人間についても同じことが言えます。私たちが本当に自由に生きることができるのは、私たちを造ってくださった神のデザインの通りに生きる時なのです。つまり、神が私たちのために造られた世界で、神の言葉に従って生きる時に自由に生きることができるのです。真理があなたを自由にするとイエス・キリストが言われた通りです。ですから、私は神の言葉を力強く勧めています。なぜなら、み言葉は力があり、クリスチャンの成長に欠かせない霊的な食べ物だからです。また、家庭生活に助けを与える言葉であり、地域を助ける言葉でもあり、国や社会全体に影響を与える言葉だからです。

3　神の言葉は生きて働いている

最後に、神の言葉は生きて働いている、ということをみていきたいと思います。エレミヤ書36章が語るのは、凶暴な王が神の言葉を拒絶したというだけではありません。二つの励みになる点が示されています。

(1) 神の言葉は必ず実現する

一つ目の励ましは、神の言葉は必ず実現する、ということです。エホヤキム王は怒って神の言葉を暖炉に投げ捨てました。彼はそれを消し去ったと思ったのでしょう。しかし、神の言葉は消滅せず実現しました。30節に「それゆえ、主はユダの王エホヤキムについてこう言われる。エホヤキムには、ダビデの王座に就く者がいなくなり、彼の屍は捨てられて、昼は暑さに、夜は寒さにさらされる」と書かれていますが、これが実際に彼の上に実現したのです。神の言葉を暖炉の火の中に投げ捨てた王様が、今度は彼の死体が投げ捨てられるという対比が描かれています。

これ以外にもエレミヤが預言したすべての言葉が実現しました。エルサレムはバビロニア軍によって陥落してしまいましたし、バビロニア自身も滅ぼされるという預言も実現しました（51、52章）。私たちも、神の言葉は必ず実現するということを覚えておかなければならないのです。神の言葉を語り告げるということは決して無駄にはならないのです。

私にはノンクリスチャンの親友がいました。わたしは彼とよく聖書について話しました。彼は聖書に懐疑的なことを言い、私はそれに対して弁明するのですが、いつも言い負かされていました。それから高校を卒業し、私たちは別々の大学に通うようになりました。あるとき彼から手紙を受け取りました。彼は手紙の中で「大学に入った初めの週、学生会館に入って行ったら、クリスチャンの集会が行われていてね……ジョナサン、僕はそこでクリスチャンになったんだ」と書いてあったのです。

私が熱心に伝道しても彼は受け入れなかったのですが、神の時があって、その集会に出た時、彼は主と出会ったのです。

イザヤ書55章にはこのように書いてあります。

雨や雪は、天から降って、もとに戻らず、
地を潤して物を生えさせ、芽を出させて、
種蒔く人に種を与え、食べる人にパンを与える。そのように、
わたしの口から出るわたしのことばも、
わたしのところに、空しく帰って来ることはない。
それは、わたしが望むことを成し遂げ、
わたしが言い送ったことを成功させる。

ここに書かれているように、神の言葉には権威があり、ダイナミックな力があるのです。ですから、神の民として私たちが大切にすることは、神の言葉と御霊に信頼し、忠実にイエス・キリストが語られた言葉を語り続けること。そして、神の言葉が聞いた人々の心の中に入っていき心を開くように祈ることです。

たとえむずかしい時代であったとしても、神の言葉を宣言し、語り告げるということが、私たちの使命なのです。

(2) 神の言葉は永遠に続く

二つ目の励ましは、神の言葉は永遠に続く、ということです。32節で「エレミヤは、もう一つの巻物を取り、それをネリヤの子、書記バルクに与えた。彼はエレミヤの口述により、ユダの王エホヤキムが火で焼いたあの書物のことばを残らず書き記した。さらに同じような多くのことばもそれに書き加えた」と書いてあります。

これは神様のどんでん返しです。エホヤキム王は神の言葉を暖炉のなかで燃やしてしまいました。ところが、そこで終わらなかったのです。再び書き起こされ、さらに言葉が加えられて、人々が読むようになったのです。このことは、深い真理を表しています。神の言葉は滅びることなく、いつまでも残るのです。

現在、世界には、キリスト教が禁止されている国があります。統計によると、北朝鮮では7万人の人が収容所に入れられていると聞いています。ある国では政府によって、み言葉を語ることが禁止されています。私たちは自由の国に住んでいますが、それらの国であっても、多くの人は、この神の言葉を避けたり、拒絶したりしています。しかし、どこであっても、神の言葉が忠実に語られていくところでは、必ずその働きは実を結び、長く続くのです。時に、クリスチャンは牢獄に入れられたり、殉教したりします。聖書が焼かれたり没収されたり、教会の建物が壊されたりします。しかし神の言葉はいつまでも続きます。イザヤ書に書かれている通りです。

「人はみな草のよう。その栄えはみな野の花のようだ。主の息吹がその上に吹くと、草はしおれ、花は散る。まことに民は草だ。草はしおれ、花は散る。しかし、私たちの神のことばは永遠に立つ」（イザヤ書40章6〜8節）。

聖霊が働く時に、人々の心に蒔かれた種が応答する時が来るのです。この真理をしっかり握りしめて、これからも進んでいきたいと思います。神の言葉は必ず実現します。神の言葉は永遠に立ちます。日本で、世界中で、この種は豊かな収穫をもたらすのです。

（文責　阿部頼義）

〈バイブル・リーディングⅢ〉

希望の土台となるもの

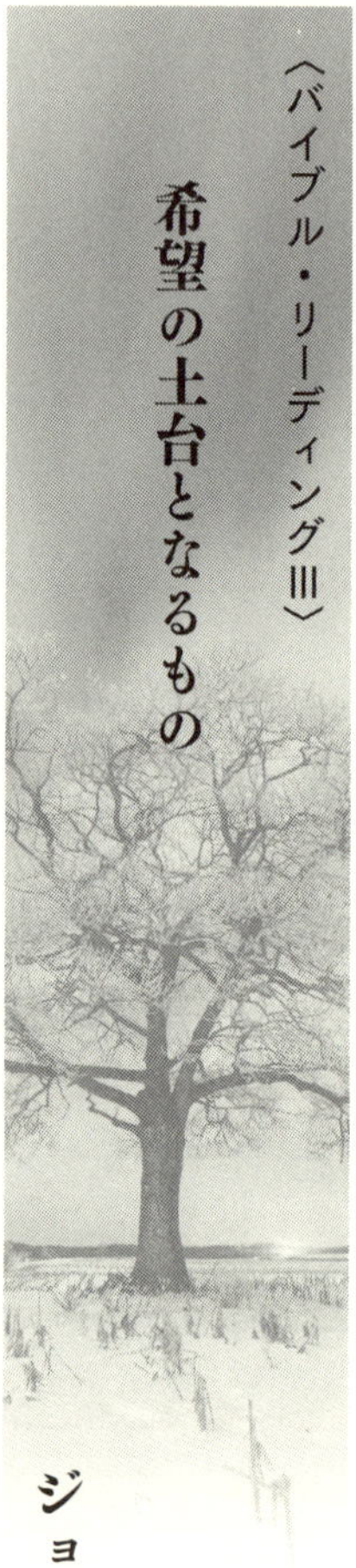

ジョナサン・ラム

エレミヤ書32章

アメリカのウォール街に関する記事を読みました。若いビジネスマンたちが、お昼にカフェに行きます。その時に20ドル払うと、占い師に見てもらえるのです。一人の女性の言葉が記事にありました。「わたしにとって占い師は友達よりも大切です。なぜなら、占い師はわたしが将来どうなるか教えてくれるし、わたしに希望を与えてくれるから」。人間の心に耐えられないことがあるとしたら、それは希望のない状態に置かれることです。パウロは、神から離れた民には希望がないと言っています。将来に対しての不安や恐れは、今をどう生きるかに影響を与えます。将来についての心がまえが、わたしたちの現在の生き方、決断に影響を与えるのです。ですから希望は、将来に関わることだけでなく、命であり、生きることそのものです。ローマ書5章にもそのことが言われています。今、苦しんでいる人もいるでしょう。しかし「忍耐を生み出し、忍耐が練られた品性を生み出し、練られた品性が希望を生み出す」（3〜4節）と書かれています。クリスチャンには堅い岩盤のような希望の土台があるのです。

最も暗い闇の時代

そのことをエレミヤ書32章から見ていきたいと思います。それは、最も暗い闇の時代の中で希望を見い出した出来事でした。「そのとき、バビロンの王の軍勢がエルサレムを包囲中であって、預言者エレミヤは、ユダの王の宮殿にある監視の庭に監禁されていた」（2節）。問題があることは明白です。

第一に、エルサレムは包囲されていました。18か月続いたバビロン軍の包囲の最終段階、間もなくエルサレムは陥落するという状況でした。ユダの町々はすでに陥落し、人々はエルサレムの城壁から、バビロン軍の兵士たちが宿営しているおびただしい数のテントを見下ろしていました。

第二に、エレミヤは監禁されていました。彼は自分が語った預言のせいで監禁されていました。人々の前で語ることを禁じられました。王の高官たちは、人々の士気を高めようという時にエレミヤが戦いに負けると言ってネガティブな預言をするので、彼に預言はするなと禁じました。

第三に、エレミヤはこのような災いが起こることを、前から預言していたということです。「あなたがたはカルデア人と戦っても、勝つことはできない」（5節）と、この戦いに負けることは明らかだから降伏したほうがよいと言っていたわけです。この国にはまったく希望がない状況でした。

ところがそんな中に希望が示されます。エレミヤのある行為が、将来に対する希望のシンボルとなるのです。それは神の裁きが、それ自体決して最後通告ではないということを示すものでした。

機会

一つの機会がやってきます。エレミヤのところへ、いとこのハナムエルが来て、アナトテの畑を売りたいと言います（9節）。アナトテはエルサレムから北に5キロのエレミヤの故郷です。しかし、その辺りはすでにバビロン軍に占領されていました。ハナムエルは将来に絶望し、畑を売ってどこかに行ってしまおうと思っていたわけです。モーセの律法では、最初に買う権利を持っているのは親族ですが、いったい誰がこんな状況で畑を買うでしょうか。ニューヨークに連れて行かれ、「自由の女神を買いませんか」と言われたり。火星に連れて行かれ、「このすばらしい土地をいかがですか。３００万円ですよ」と言われても、バカげた話です。しかし、エレミヤは大金をはたいて、この畑を買いました。見ることもできない畑かも知れません。なぜでしょうか。その答えが15節に書かれています。「なぜなら――イスラエルの神、万軍の主はこう言われる――再びこの地で、家や、畑や、ぶどう畑が買われるようになるからだ」。つまり、希望を持っていることの証明として畑を買ったのです。

神の言葉を聞くこと

同じような状況で、わたしたちは神を信頼できるでしょうか。覚えておくべき三つのことがあります。第一にそれは「神の言葉を聞くこと」によります。なぜエレミヤが畑を買うことに同意したのか、それは、み言葉を聞いていたからです。「私に、このような主のことばがあった」（6節）、「私は、これが主のことばであると知った」（8節）。彼は監獄で、意識して神の声を聞いていました。これは非常に大切です。まったく希望がない状況で、積極的思考から生じるのではなく、真剣に神の言葉を聞く時、希望は生じます。その時、どんな暗い状況でも神の手は働いていることを見出すのです。

少し前にスヌーピーの漫画を読みました。チャーリー・ブラウンが椅子に座り、すごく顔を近づけて本を読んでいます。そこへ友達のルーシーがやって来て「チャーリー・ブラウン、あなた、いったいなにをしてるの」と聞きます。彼は答えます、「ぼくは行間を読もうとしてるんだ」。この行間を読むということです。世界のニュースは、目に見えるひとつのストーリーです。わたしたちクリスチャンはもうひとつの神のストーリーを見なければなりません。

パウロはピリピのクリスチャンたちに「私の身に起こったことが、かえって福音の前進に役立った」（ピリピ人への手紙1章12節）と言っています。彼は言います。「わたしは牢屋にいて、4人の兵士4組がいつもそばにいる。わたしは鎖につながれているが、彼らも逃げられない。こちらが話せば、向こうはずっと聞かなければならない」と。また、「わたしが監獄に入っていることを聞いた人たちが、自分たちもがんばって働いている」と言っています。セルビアのベオグラードに住んでいるわたしの友人は、ユーゴスラビアの内戦で空爆があった時、高層マンションの最上階にお母さんと住んでいました。屋上には通信機器があり空爆の対象になりやすい危険な場所でした。しかし彼はわたしたちにメールを送ってきました。「すばらしい。空爆があるとマンションの住民はすべて地下に避難する。だからそこでみんなに証しができる」と。彼はそういう状況の中でも神の手は働いていることを見ていました。エレミヤも同じです。わたしたちにとっても同じではないでしょうか。

神のご性質に信頼すること

第二は、神の声を聞き「神のご性質に信頼すること」です。エレミヤも銀17シェケルも出して畑を買った後で、「本当によかったのだろうか」と思ったかも知れません。しかし、17節以降を読むと、エレミヤの「神がしなさいと言われたのだから、あとは神にお任せする」という姿勢がわかります。彼の祈りは、まったく絶望的な状況下でわたしたちがどのように祈ったらよいかを教えてくれます。わたしが学校に行き始める時、親はすごく大きなジャケットを買ってくれました。友だちが「ジョナサン、君には手があったんだね」と気づくのに数か月かかったほどでした。これらの祈りは、大きな服にサイズが合って行くように、わたしたちの信仰を引き上げてくれます。エレミヤの祈りは「神さまはこのようにすばらしいお方、だから信頼できます」という祈りです。

三つのポイントがあります。第一に17節で、エレミヤは「神の力」に信頼しました。「あなたは大いなる力と、伸ばされた御腕をもって天と地を造られました。あなたにとって不可能なことは一つもありません」。「神さま、あなたはこの世にあるすべてを造ったお方、ならば、あなたに不可能なことは何ひとつないでしょう」と、初代教会で迫害に遭っていた人たちも同じように祈っています。「主よ。あなたは天と地と海、またそれらの中のすべてのものを造られた方です」(使徒の働き4章24節)。聖書的な祈りはそこから始まります。わたしたちは、どうしても自分のことから祈ってしまいます。しかし、聖書的な祈りは、まず神のことを祈るのです。エレミヤは神の力を信じていました。

第二に「神の義」を信頼していました。「あなたは、恵みを千代にまで施し、父たちの咎をその後の子らの懐に報いる方、大いなる力強い神、その名は万軍の主。そのご計画は大きく、みわざには力があります。御目は人の子らのすべての行いに開いていて、それぞれにその生き方にしたがい、行いの結ぶ実にしたがって報いをされます」(18、19節)。それぞれの行いに応じて施し、報いを与えてくださる方。言い換えると、神の判断、裁きというのはいつも正しいということになります。バビロン軍がエルサレムを取り囲んでいる絶望的な状況でも、エレミヤは「わたしは神さまを信頼します」、「この状況を正しく導かれることを信じます」という思いで祈ったことでしょう。

第三は「神の献身（God's commitment）」です。神がわたしたちのためにすべてをかけて働いてくださるのです。37～40節にありますが、神はわたしたちと結ばれた契約にどこまでも忠実に働かれるということです。エレミヤは今、神の前にいます。そして言います。「もしわたしが親戚の畑を見捨てず、この小さな畑を贖うなら、あなたはご自分の民を買い戻してくださる方、そうですよね」と。神は決してご自分の民を見捨てるお方ではない、神の契約は永遠に変わらないと確信していました。

アブセイリングというスポーツがあります。崖の上からロープで後ろ向きに下ろされて行くのです。わたしたち夫婦もスコットランドの海岸にある崖を下りました。信頼しなければならないのは、上でロープを繰り出している人です。わたしにとってその人はよく知っている人で、ユーモアがあるおもしろい人ですが、手を離したりはしないと知っていました。信頼とは、その人をどれだけ深く知っているか、そこから生まれてくるものだと思います。神に対する信頼も同じです。神のことを知れば知るほど「ああ神さまは信頼できる方だ」と分かってきます。

神の約束に信頼すること

最後の点は、神の約束に信頼することです。約束がなかなか実現しないとき、希望が試されます。状況が願っている方向と違う時、希望を持ち続けることは容易ではありません。クリスチャンの希望の土台は、神が一旦始められた働きは、必ずそれを成し遂げられるという確信です。9～12節に、エレミヤが畑を買う時のやり取りが書かれています。契約書が書かれ、それを安全に保管するために陶製の壺に入れます。そんなこと意味がない、ばかげていると言われようが、エレミヤはどうしてもそうしたかったのです。「これはわたしが買った土地です」と言える日が、どんなに遠かったとしても、領収書をちゃんと取っておきたかったのです。神の約束は必ず成就すると確信していたからです。

15節に「なぜなら――イスラエルの神、万軍の主はこう言われる――」とあります。どんなに困難な状況でも、神の大きな計画の中でなされたことは必ず成就するという確信です。「それゆえ今、イスラエルの神、主は、あなたがたが、『剣と飢饉と疫病により、バビロンの王の手に渡される』と言っているこの都について、こう言われる」(36節)。

人々が「災いだ」と言っていることについて、神はこう言われています。「見よ。わたしは、かつてわたしが怒りと憤りと激怒をもって彼らを散らしたすべての国々から、彼らを集めてこの場所に帰らせ、安らかに住まわせる」(37節)。「あなたがたが、『この地は荒れ果てて、人も家畜もいなくなり、カルデア人の手に渡される』と言っているこの地で、再び畑が買われる」(43節)。神が、それを贖い、建て直そうと言われているのです。神の裁きは最後通告ではありません。わたしたちをこの新しい契約に導き入れられたのは、イエス・キリストご自身だということです。エレミヤは31章でこの新しい契約について語っています。新約聖書はイエス・キリストにおいて旧約聖書のすべての約束が成就したことを示しています。エレミヤは、神がやがてイスラエルの民をこの地に連れ戻してくださると、その約束を信頼していました。ふたたび畑を売ったり買ったりするその時に、これは自分の土地だと証明するために領収書を取っておいたのです。

わたしたちクリスチャンは主イエス・キリストを信頼しています。神がなさったすべての約束は、イエス・キリストにおいて「イエス」となったとパウロは言っています（コリント人への手紙第二 1章20節）。わたしたちの希望は直接イエス・キリストの救いの業にかかっているということです。ペテロは「神は、ご自分の大きなあわれみのゆえに、イエス・キリストが死者の中からよみがえられたことによって、私たちを新しく生まれさせ、生ける望みを持たせてくださいました」（ペテロの手紙第一 1章3節）と言っています。ふつう希望というのは、まだ起こっていないことについて言います。「こうなったらいいな」と。「今日は天気がよいといいな」とか「お昼ごはんがおいしいといいな」とか「牧師が早く椅子に座るといいな」とか。でもその通りになる保証はありません。しかしペテロが強い確信をもって、生ける希望があると言っているのは、その希望がもうすでに起こった出来事に基づいているからです。イエス・キリストが死から復活したことによる生ける希望なのです。

イエスは復活によって、わたしたちを生きた希望の中へ、新しく生まれさせてくださいました。主が今も生きておられるので、わたしたちは神が約束を必ず実現してくださるという確信をもって希望の中に生きることができるのです。わたしたちクリスチャンは希望の民です。将来に関しても、すでにイエスは勝利されたと確信して生きることです。

（文責　峯野慈朗）

〈聖会Ⅰ〉

新しい歌を歌え

デビッド・オルフォード

ヨハネの黙示録 5章1～14節

この聖会に身をおくことができる幸いを感謝いたします。

私はケズィックにかかわることによっていろいろな場所を訪れました。今回も、福岡から仙台に飛行機で移動したのですが、機内で客室乗務員に新聞を勧められたので、ジャパンタイムスを受け取り、広げました。この国にも心を痛めるようなニュースが多く、暗澹たる思いになりますが、そのような時、私たちは非常に深刻な時代の中に生きていることに気づくのです。国を揺るがすような災害や難民問題だけでなく、すばらしい技術を手に入れ、便利にはなっていますが、同時にそれを悪用した道徳的、精神的な課題も多発しています。そうした中で、人生の様々な重荷に向き合わなければいけないのは誰もが同じです。クリスチャンもまた多くの苦難の中にあるのではないでしょうか。

最近一人の囚人が解放されました。そのトルコ人牧師は、信仰のゆえに投獄されたのです。彼だけではなく、トルコでは今も多くの人たちが信仰のゆえに投獄されています。どの国にも、このような出来事は起こりうる、だからこそ、私たちはこの章に記されている光景に目を向けたいのです。

現実から逃避するのではありません。使徒ヨハネは迫害され、パトモス島に流されました。信仰者であるがゆえの迫害です。しかし、自らは迫害に遭いながらも、苦しむクリスチャンたちを励ます使命を与えられました。

この章を見ていくと、天における神への礼拝で、「新しい歌」(9〜10節)がささげられています。今までは古かったので最新の歌になったということではありません。常に新しいのです。実は、この新しい歌こそが、皆さんが勝利を得る歩みの源となるのです。それを、具体的に見ていくことにいたします。


まずこの歌に到るまでの文脈です。この作業は、聖書研究をするときの大原則です。

まず第1章で、ヨハネは栄光に満ちたイエスと出会い、七つの教会に宛てて手紙を書くようにと言われています。それぞれに勧めや励ましの言葉があり、時には叱るような言葉がありますが、七つの教会に宛てたすべての手紙の最後には、「勝利を得る者には」との言葉に続き、祝福の約束が書かれています。困難な中でも忠実に歩むならば勝利者となるとの約束を、世に勝たれたイエスが宣言されています。

4章に入ると大きな動きがあります。視点がそれまでの教会から天の情景に変わり、これから起るべきことが説き明かされていくのです。すばらしい礼拝の光景です。天の御座に座しておられるのは、昔いまし、今いまし、やがてきたるべき方、万物の創造者、聖なる聖なる聖なる方、その方にささげる礼拝です。この天的な礼拝に臨んでいる四つの生き物はじめ被造物、24人の長老たちは、神の民を象徴しています。

5章では一つの巻物が登場します。表にも裏にも文字が書いてあり、七つの封印で閉じられていました。そこで「封印をとくのにふさわしい者はだれか」（2節）と質問が投げかけられます。将来の出来事を導く権威を授けられるにふさわしい者は誰かということです。神はすべてに主権をお持ちです。将来も神の御手の中にあるわけですが、その神の権威をゆだねられるにふさわしい者がいません。当然、私も無理です。私の手に皆さんの将来をゆだねられても負いきれません。ヨハネは、「天にも地にも地の下にも」（3節）ふさわしい者はいないと知った時、激しく泣きました。その巻物が開かれなければならないものだと知っていたからです。

神は愛であり、その愛は私たちの理解を超えていますが、同時に神は義なる方で、完全で正しいさばきをなさる方です。神が正しいさばきをなさる日、それがこの巻物が開かれる時です。

巻物が開けないと思われた時、「泣くな。見よ。ユダ族のしし、ダビデの若枝であるかたが、勝利を得たので、その巻物を開き七つの封印を解くことができる」（5節）と、長老のひとりが言いました。

そして、そのあと、「ほふられたとみえる小羊」(6節)が現れます。私たちの主は、同時に小羊でもあられます。その小羊には七本の角、それは権威を表し、七つの目は世界を見透し、すべての知恵をもっておられる方であることを示しています。ここで、劇的な出来事が起ります。その小羊なる方が御座に近づき、御座にいます方の右の手から巻物を受け取る。その時、24人の長老たちが地にひれ伏し、小羊なる方の前に礼拝をささげます。主イエスこそが「ふさわしい方」であり、私たちの礼拝を受けるにふさわしい方であると認め、ひれ伏すのです。

皆さんはイエス・キリストの権威をそのように受けとめているでしょうか。この方が世界の将来を握っておられる権威ある方ならば、私たち自身の生涯にもその権威が及んでいます。この方の主権を認め、ひれ伏してあがめる。新しい歌とは、このことです。それを教え、御座にいます方と小羊とに礼拝をささげる場面をもってこの章は閉じられてます。

なぜこの小羊なる方が私たちの礼拝を受けるのにふさわしい方なのか。三つの理由を挙げたいと思います。

まず第一に、この方は、「ほふられ」てくださったからです。

栄光に満ちた神の子でありながら、神の義を全うすべく、私たちのために喜んで苦しみを負ってくださいました。なんと驚くべきことでしょうか。皆さんの中には、苦しみの中にいる方々もおられるでしょう。クリスチャンとして生きるために、迫害されている人たちもいます。それらの人々にとって、イエスが苦しんでくださったということは大きな慰めです。

この方は私たちの弱さ、置かれている状況をわかってくださる。それはこの方が私たちのために苦しみのうちに殺されてくださったからです。ほふり場にひかれて行く、それは痛みに満ちた、絶望的な苦しみです。しかし、イエスは、私たちのために苦しむことを選んでくださいました。「ほふられたとみえる」ほど、大きな傷がついていたのでしょう。しかし、その方は栄光に満ちていました。ほふられた小羊なる方にハレルヤ！イエスさま、あなたが苦しみを受けてくださったゆえに、感謝いたします。あなたの御名をあがめます。

次に、この方は「あがない」を成し遂げてくださったからです。

この方がほふられてくださったのには目的がありました。私たちを救うためには、血を流し、私たちの罪のあがないをしなければならなかったからです。出エジプトをするために小羊の血が流されました。以降、赦しを求めるとき、祭壇に小羊の血が流されていきました。ですから、主イエスが現れた時、バプテスマのヨハネは「見よ、世の罪を取り除く神の小羊」（ヨハネによる福音書1章29節）と指し示したのでした。

では、誰のあがないのためだったのでしょうか。「あらゆる部族と言葉の違う民、あらゆる民族と国民」です。神の御計画は世界中の民があがなわれることです。どの人たちも、主イエスのあがないからもれてはいないのです。いや、この世界には多くの差別や偏見が存在しますが、イエスは私たちを一つの民として集めるためにあがなわれるのです。すべての国、すべての民族、すべての人々が一つになる。それが主イエスの幻です。

私がケズィック・コンベンションを愛している一つの理由は、「みなキリスト・イエスにあって一つ」との標語が掲げられているからです。それこそがイエスが私たちのために死んでくださった理由だからです。イエスを信じることによって、民が一つにされていく、だからこそ、賛美を受けるのにふさわしい方なのです。

その方は、私たちを招き、神の祭司として仕えることができるようにしてくださる。それが三つ目の理由です。

ペテロの第一の手紙2章5節から9節、特に9節に「あなたがたは、選ばれた種族、祭司の国、聖なる国民、神につける民である」と書かれています。私たちは神の御国にこの方の祭司となるべく召されているのです。この立場は、ヨハネの黙示録3章21節に「勝利を得る者には、わたしと共にわたしの座につかせよう。それはちょうど、わたしが勝利を得てわたしの父と共にその御座についたのと同様である」とあるように、神の民が、主イエスと共に治める者となることです。その関係が私たちにどのような影響をもたらすかというと、この方の主権を認めた私は、この方にすべてをゆだねてこの身をささげます。生きた聖なる供え物として、私たちは賛美をささげ、すべての良いものをささげていくようになります。

私たちはイエス・キリストにおいてこの救いをいただきました。それは単にゆるしのわざだけのことではありません。この方が王である御国に入れられ、生きる者とされたのです。ですからこの方の与えられた完全な救いをあがめ、感謝したいのです。この世に心をとどめている者に、これほど大きな励ましはありません。私たちが通る困難を主はご存じです。そして、私たちに力を与えたいと願い、勝利に満ちた生涯を送ってほしいと願っておられます。

勝利に満ちた生活を送ることには困難が伴います。七つの教会の姿でもわかるように、さまざまな問題や誘惑が起こり、初めの愛から離れてしまうということも起こりうるのです。不道徳について、また間違った教えのことも書かれています。しかし、その中にあっても、忠実であり続けなければなりません。サタンの攻撃がある中で、このイエス・キリストの支配の中にあってのみ、私たちは勝利者として生きることができるのです。

どのようなことが起こったとしても、私たちが、常に覚えるべきは、主がすべてのことを支配しておられるということです。だからこそ、この方はすべてを正しくさばいてくださいます。これは、特に、この時代に注意すべきことです。「あなたがたを迫害するもののために祝福を祈りなさい。祝福を祈るのであって、呪ってはなりません」(ローマ人への手紙12章14節)。「だれに対しても悪をもって悪に報いず、すべての人に対して善を図りなさい。あなたがたは、できる限りすべての人と平和に過ごしなさい。愛する者たちよ。自分で復讐をしないで、むしろ、神の怒りに任せなさい。なぜなら、『主が言われる。復讐はわたしのすることである。わたし自身が報復する』と書いてあるからである」（同17〜19節）とあるように、主の正しいさばきに身をゆだねましょう。主の支配がすべてにおよび、正しいさばきがもたらされるのですから、誰かを攻撃したり、反撃せず、かえってその人たちに愛と恵みを返してゆく、「悪に負けてはいけない。かえって、善をもって悪に勝ちなさい」（同21節）なのです。

イエスはその苦しみを受け、悪に勝ってくださいました。血を流し、私たちをあがなってくださいました。それだけではなく、あがなわれた私たちを招き、御国に生きる者として、この方のご支配のもとに生きる者としてくださいました。

私たちの生涯のすべては礼拝です。私たちが歌う時だけではない、この集会の時だけでもない、日曜日も月曜日も、すべての曜日、いや一年中行われるものです。私たちはこの方の支配のもとに生きているからです。この方の主権を、この場でもう一度、認めさせていただきましょう。

主イエスは勝利のうちに、父の御心を全うされました。ですからその巻物を開くことができたのです。その支配は世界に、そして私に及びます。この方は、すべての人々を正しくさばくことができます。私たちはこの方の民です。神に招かれている民なのです。ですから、私たちは、そして、すべての人は、神の前にすべての生涯をささげるように招かれていくのです。

この賛美を共に賛美しましょう。そのためにもこの賛美を心にしっかりと刻んでください。そして口に出して言ってください。どうぞ歌ってください。それを皆さんの生涯の一部にしていただきたい。

しばらく静かな時を持ちたいと思います。神が主権者であることを認めましょう。私たちのために成し遂げてくださった御業のゆえに感謝をささげましょう。この方は私たちのために苦しまれ、私たちをあがない、そして私たちを招いてくださいます。

「天の父なる神さま。すばらしい主イエス・キリストの御名をあがめます。私たちは今、賛美の中で、もう一度新しくあなたのもとに私たちを引き寄せてくださいと歌いました。神さま、私たちは、自らを神さまにささげたいと思います。それはあなたが、それにふさわしい方だからです。この世に何が起こっていても、あなたがこの世の支配者であり、主権者であられます。主イエスがもたらす一致を共に喜び、一つの口、一つの心になって、あなたをあがめることができますように。私たちは、あなたこそ主ですと告白いたします。あなたにある主権を認めます。ハレルヤ　アーメン」。

（文責　土屋和彦）

〈聖会Ⅱ〉

終わりまで行け

ダニエル書12章13節

藤本 満

「あなたは終わりまで歩み、休みに入れ。あなたは時の終わりに、あなたの割り当ての地に立つ」。

ダニエル書は、ネブカドネツァルのバビロニア帝国を舞台としています。紀元前7世紀後半、バビロニア帝国は、アッシリアを征服して、地中海東岸全域を支配します。紀元前586年、バビロンはエルサレムを攻め落とします。エルサレムの神殿は廃墟と化し、民は捕囚としてバビロンに連れて行かれます。彼らを待っていたのは、彼らの信仰をまったく理解しない異教の社会でした。

特にダニエルは異教社会の中枢に入ることになります。バビロンの王ネブカドネツァルは、捕囚の民の中から優秀な青年を選んで、バビロンの大学で教育します。そうしてダニエルは、自分の信仰を全く理解しない人々に取り囲まれて、一生を生きていくことになります。

旧約聖書の中で、私たち日本人キリスト者に最も類似した環境に置かれているのが、ダニエルでしょう。捕囚の民は、三つのグループに分かれていました。簡単に言えば、こうなります。

1、この国で生き残るために、聖書のことは忘れよう。国際都市です。新しいチャンス。流れに乗って生きていこう。

2、その反対の方向へ走った人。今まで以上に、聖書の教えにしがみついた、固執します。孤立することで、自分を守ろうとします。自分たちの慣習をかたくなに守りました。蓑虫のように閉じこもりました。やがて、こうした考え方を持った人々の中からパリサイ派が生まれていきます。

3、ところが、ここに第三のグループがありました。エレミヤ書 29章4~7節に描かれています。「イスラエルの神、万軍の主はこう言われる。『エルサレムからバビロンへわたしが引いて行かせたすべての捕囚の民に。家を建てて住み、果樹園を造って、その実を食べよ。妻を迎えて、息子、娘を生み、あなたがたの息子には妻を迎え、娘を嫁がせて、息子、娘を産ませ、そこで増えよ。減ってはならない。わたしがあなたがたを引いて行かせた、その町の平安を求め、その町のために主に祈れ。その町の平安によって、あなたがたは平安を得ることになるのだから』」。

ダニエルは、第三のグループを代表していました。自分で選んだわけではありませんが、彼はバビロンで最高の教育を受け、バビロンの王ネブカドネツァルやベルシャツァルに仕え、さらには次のメディア帝国のダレイオス一世にも仕えます。彼は生涯、異国の王宮に住み、政治の中心にいた人物です。

しかし同時に、ダニエルは神への信仰を守ろうと決意して、バビロンに入ってすぐにある決意をします。「ダニエルは、王が食べるごちそうや王が飲むぶどう酒で身を汚すまいと心に定めた」(1章8節)。異教の世界の中に生きながら、その世界と協調しながらも、信仰の道を歩む決断をしたダニエル。ダニエルだけではありません。シャデラク、メシャク、アベデ・ネゴの三人の友人もそうでした。

そのダニエルは、12章で晩年を迎えています。冒頭の聖句はダニエル書最後の言葉です。「あなたは終わりまで歩み、休みに入れ」。英語では、"Go your way"です。新共同訳聖書は「終わりまでお前の道を行き、憩いに入りなさい」。そして休みに入れ、と。天国にあなたの場所が用意されている。そこで御国を相続しなさい。

さて、ダニエルがたどってきた道は、どのようなものだったのでしょう。象徴的な場面を一つ見ていただきます。3章16節からの記述です。ある日、バビロン州のドラの平野にやぐらが組まれ、黄金の像が据えられました。金の像の正体は不明です。高さ約27メートル、幅2.7メートル。2節には奉献式の様子が記されています。集まったのは、「太守、長官、総督、参議官、財務官、司法官、保安官、および諸州のすべての高官」と、中近東の統一を果たしたバビロニア帝国の政府の要人です。

ネブカドネツァルがこの像の前に立ったとき、壮大な音楽が演奏されて、それに合わせて全員がこの像を拝むように計画されました。こういうことを社会は信仰者に強要してくるのです。バビロンは帝国です。後のペルシャ、ギリシャ、ローマ帝国と同じです。帝国の統一を図るために、通貨、言語、法律、そして宗教が用いられます。これらの文化や価値観の中に最も浸透しやすく、最も効果を上げることができるのが宗教です。仏教を国家宗教として積極的に導入していった奈良や平安時代の日本。そして神道を国家宗教とした明治政府も同様です。

ここに描かれているのは、天皇制や国家神道に似た、国家行事です。これを拝むのは、個人の信仰の問題ではない、文化や国民性の問題であると、用いられる論理は同じです。だから、あなたの信仰を脇にどかして、ともかく従いなさいと。ネブカドネツァルは、従わない者は「燃える火の中に投げ込まれる」と脅します。

シャデラク、メシャク、アベデ・ネゴの三人は、この像を拝むことを拒否しました。再考の余地を与えられても、その必要はありませんときっぱり断りました。「このことについて、あなたにお答えする必要はありません」（3章16節）。信仰告白は、世に対する宣言となりました。神のみを神とする、他を拝することも、他に魂を向けることもあり得ない……それが、彼らの道でした。

具体的に、三つに要約できます。

A　三人は、たとえ燃える炉の中に投げ込まれたとしても、神は私たちを救い出すことができるという信仰に立ちました（17節）。燃える炉は、人生にあって象徴的な表現です。出ることができない密閉された試練です。私たちの抱える問題は、燃える炉のようです。病でも人間関係でも、仕事のことでも家庭のことでも、出口がない、あってもそこから自分の力で出ることはできない、ただひたすらその中で燃え尽くされるような不安に駆られることがあります。しかし、神は、私を救い出すことができると信じました。

B　次の18節に、「しかし、たとえそうでなくても……」と続きます。これには心を打たれます。一体どういうことでしょうか。「だめであったとしても」という摂理的な状況を想定しているのです。自分の祈り、自分の願い通りにはならなかったとしても、神は最善をなしてくださり、それにゆだねると。

キリスト者の信仰になくてならぬ二本柱があります。それは、神の全能を信じることと、同時に、神の摂理の最善に自らをゆだねることです。この三人の信仰告白は、イエスのゲッセマネの祈りと同じです。「父よあなたにおできにならないことはありません。どうか、この杯を私から取りのけてください」。

ケズィック・コンベンションの創設者の一人で、初期の段階で大きな貢献をした人物の一人にカナダのクェイカーの女性、ハンナ・スミスがいます。日本語に訳されたハンナ・スミスの勧めに、「ウィンドウショッピングのような祈り」をしてはならないとありました。買い手が買うつもりなのか見ているだけなのか、ベテランの店員は素早く見抜いてしまうというのです。神は、私たちの祈りが本気なのかどうかを簡単に見抜かれる。だから、願うことは明確に本気で祈れ、と。

しかし、どんなに神が全能であり、私たちの願いが本気でも、最終的には、神の最善にすべてをゆだねるという信仰が必要です。どうかこの杯をわたしから取りのけてくださいと明確な願いをなさった後、それでも主はおっしゃいました。「しかし、わたしの願いではなく、あなたの御心を……」。それは、父なる神の御心が最善であることを信じ、父なる神にすべてをゆだねた全き信仰でした。

私はあえて、ここに力点を置いて、聖化を考えてみることにします。ウェスレーは、全き聖化とは全き愛だと、定義しました。でも、彼の定義はそれだけではないのです。彼は全き聖化を、全き信仰とも定義しています。あるいは、全き平安とも定義しています。

3章28節で、燃える炉の中で神に守られた三人に対して、王がこう言います。「ほむべきかな、……神は御使いを送って、このしもべたちを救い出された。王の命令に背いて、自分たちのからだを差し出しても神に信頼し……」。これは王が三人の全き信仰を認めている言葉です。

6章で、「ライオンの穴に入れられて生き延びたダニエルに対しても、同じように言われています。「王は大いに喜び、ダニエルをその穴から引き上げるように命じた。ダニエルは穴から引き上げられたが、彼になんの傷も認められなかった。彼が神に信頼していたからである」(23節)。燃える炉の中に入れられても、ライオンの穴の中に放り込まれても、全き信頼を傾けて神の救いを信じ、神に仕える道を彼らは歩んできました。

C　第四の者の登場

現実は、誰ひとり三人をかばう者はなく、味方する者はなく、三人は無惨に炉の中に投げ込まれます。イエスは、信仰に満ちた三人をこの試練から救い出すことはなさいませんでした。炉は、七倍のフルパワーで燃えていました。

しかし主ご自身が、炉の中に入って来られました。「私（ネブカドネツァル王）には、火の中を縄を解かれて歩いている四人の者が見える。しかも彼らは何の害も受けていない。第四の者の姿は神々の子のようだ」（3章25節）。主は、炉の中で彼らの縄を解かれ、彼らを火から守り、彼らと共に炉の中を歩んでおられました。

チャールズ・ディケンズの『二都物語』という、フランス革命の話があります。毎日、革命で処刑される人びとがパリの町を引き回されます。投獄されていた一人の男、シドニー・カートンは勇敢な男でした。かつて無法者の生活をし、しかしキリストに立ち返り、たましいの救いを得て、友人のために命を捨てます。

引き回しのとき、彼の隣に少女が立ちました。投獄されたときに知り合いました。少女は、彼の勇気と優しさに気がつきました。そして、言います。

「ご一緒させていただけませんか。手を握ってよろしいですか。恐くはありません。でも、私は小さくて弱いのです。勇気を与えてください」。

二人は行動を共にします。処刑場に近づいたとき、少女の目からは恐れは消えていました。少女は、しっかりとした男の顔を見上げて言います。

「ありがとう。神さまは、私に力を与えるために、あなたを私のもとに送ってくださったのだと思います」。

私たちの震える手を握ってくれるのは、だれでしょう。きっと私よりも大きな試練を生き抜いた者です。私が小さな少女なら、その人物はシドニー・カートンのようにもっと大きな試練を生き抜いた人です。


私たちの願いは、「最後まで、この道を行かせてください」です。しかし、同時に不安があります。「主よ、最後までゆけるでしょうか」、「そんな力が、私にあるでしょうか」。

私たちは行けます。なぜなら、主が燃える火の炉の中にでも獅子の穴にでも入ってきてくださるからです。手を握ってくださり、話を聞いてくださり、ご自身がともに歩いてくださるとともに、時にそのような信仰の友人を備えてくださるからです。

行けます。それは第四の者だけでなく、第一、第二、第三と信仰の友人がともにいるからです。第四の者だけでなく、そこには仲間がいます。神は、私たちの信仰の伴侶となる友を与えてくださいます。私たちは互いに対して、シャデラク、メシャク、アベデ・ネゴとなります。

最後まで行けるか。はい。先に召された、信仰の先輩や家族が雲のように取り囲んでいます。私はダニエルのように強くはありません。でも行かせてください、最後までこの道を。愛する兄弟姉妹と共に。

数年前に、洗礼をうけた50代の男性が高津教会にいます。奥さまがずっと祈り、そしてやがて洗礼を受けるときに教会報に証しを書いてくださいました。それを引用して終わりにしたいと思います。

「3月15日、妻の住むカリフォルニアへと飛び、ロサンゼルスマラソンに参加した。初のフルマラソンだ。少しは練習したつもりだったが、10㎞過ぎたあたりで、心配していたヒザの痛みが出てしまい走れなくなった。ちぇっ。それでもせめてゴールだけはしようと、トボトボ歩きはじめた。

沿道は驚くばかりの応援だ。みんな手書きのプラカードをもったり、叫んだり、拍手したりしてランナーを励ましている。しかし歩いてしまった挫折感から、俺は下を向いて歩いていた。

どのくらい歩いただろうか、ふと目を上げたとき、1枚のプラカードが目に飛び込んできた。『We Are HERE FOR YOU あなたのためにここにいる』。そう書いてあった。気づけば『あなたは私の希望の星だ』『私のヒーロー』そんなボードがあちこちに掲げられている。

そのとき不思議な感覚にとらわれ、そして感じた。これはメッセージじゃないのか？ この沿道からの声援は、みんな神様からの励ましなんだ。すべては俺のためのメッセージだったんだ。だがうつむいていては、そういったものも目に入ってこない。気づけない。

『顔をあげて、前を向いて歩いていけ。わたしがここにいる』——俺、今そう言われているんだ、神さまに」。

「わたしがあなたのためにここにいる」と、復活の主がおっしゃいます。「あなたのために」と信仰の先輩方がおっしゃいます。行ける、弱い私も行けるのです。主イエスは、こんな小さな私を信頼していてくださいます。ダニエルは最後まで行く、必ず全うする。あなたもまた、最後まで行く、それが主イエスが私たちに傾けておられる信頼です。

〈聖会Ⅲ〉

失望を乗り越える

デビッド・オルフォード

ハガイ書　2章1～9節

ここ数週間日本で御用をすることは何と大きな祝福でしょうか。この度、山形南部教会を訪ねました。その会堂は元々TOYOTAの倉庫でした。外から見ると「ああ、倉庫だなぁ」という恰好をしています。けれども中は全く変えられて新しく綺麗な教会です。それはまさに神が私たちの生涯にしてくださることと同じです。神の一番の関心事は私たちの内側です。キリストによって新しい心を与え、内側から変えてくださるのです。時には私たちの内側の要らないものを捨てることかもしれません。罪から離れないといけないのです。なぜなら新しい建物に相応しくないからです。

「どうぞ私たちの内側をご覧ください」と祈りましょう。内側に取り除かなければならないものはないでしょうか。神を礼拝するものとして相応しくされましょう。また、その教会となった建物は新しい目的に使用用途が変わりました。新しい目的のために用いられ、礼拝する場所と変わりました。

私たちが礼拝を通して、働きを通して、神の栄光を現わす生涯を送る者へと変えられたいと思います。

共に聖書から見て行きましょう。私たちは様々な決断をし、神の働きのために再献身をするかもしれません。現実の生活に戻ると、様々なプレッシャー、むずかしい問題、がっかりすることがあるかもしれません。一生懸命したけれど望む結果が出ないこともあるでしょう。失望することもあるでしょう。失望というのは非常に危険です。失望があまりにも深刻ですと、私たちを不従順に導くことがあります。すると私たちは、神がして欲しいと願っておられることを止めてしまいます。それがハガイ書2章で取り扱われていることです。時代背景について、まず話したいと思います。

エレミヤの時代の後、神の民は捕囚の地に送られましたが、王の命令によって約束の地に帰還することを許されました。帰って来た民に与えられた最初の仕事は、破壊された神殿を再建することでした。神殿は神が栄光を受け、神の栄光が現わされる場です。私は先ほど受付の本屋に立ち寄りましたら、２００２年の説教集を見つけました。そこに私のハガイ書1章からの説教が載っていました。16年経ってやっとハガイ書2章に辿り着きました！

1章で神はイスラエルの民に対して神殿のために働くようにと召されますが、民は怠慢で無関心でした。自分たちの関心事を優先させたのです。しかし、自分のことに忙しくしていた民はハガイの神殿再建への呼びかけに応答し、立ち上がりました。そして長く中断されていた神殿の再建工事が再開されました。2章では神が再びハガイを通して語られ、民に呼びかけると、民は神に従う献身を新たにしました。

　今日の説教題は、「失望を乗り越える」です。ハガイは政治的指導者にも大祭司に対しても語りました。そして、2章3節では「民の残りの者」たちに問いを投げかけています。「お前たち、残った者のうち／誰が、昔の栄光のときのこの神殿を見たか。今、お前たちが見ている様は何か。目に映るのは無に等しいものではないか」。これはハガイを通して語られた主の言葉です。なぜこのような問いをしたのでしょうか。この問いを通して表わされているのは、「神は民が考えていることをご存じだ」ということです。民は自分たちの仕事に疑問を持ち始めていました。なぜならソロモンが建てたかつての神殿を覚えていたからです。それは栄光に満ち美しい神殿でした。しかしその神殿は破壊されてしまいました。そして今神殿を建て直そうとしても、当時と同じ規模の労働力や資源はなく、材料も限られていました。昔を思い出し懐かしむ人もいたでしょう。「これは本当に酷い仕事だ」と思った人たちもいたかもしれません。ソロモンの神殿からすると「これは無に等しい」と思ったかもしれません。けれども私たちが失望しそうになる時に、神が与えてくださる励ましは「主は知っておられる」ということです。神は皆さんが失望しそうになる時も重荷の大きさに打ちひしがれそうになる時も知っておられます。「力がない、あれもこれもない」という時も神はご存じです。神は心配してくださるからこそ民に語られるのです。

　最近、私の兄が手術を受けました。医者は口から入れるカプセル型のカメラで、兄の体内の写真を撮りました。良く訓練された人が写真を見ますとどこが悪いか正しく診断することができます。皆さん、神は私たちの人生に神のカメラを入れてくださいます。神はカメラに写された私たちの人生の写真をどのように解釈するかご存じです。私たちが働きにおいて失望することを願っておられません。ですから皆さんを励ましたいと思います。失望する時、神から身を隠さず神の前に祈りの内に出てください。神の知識に信頼するのです。それが第一のことです。

第二のことは主の励ましの言葉に従うことです。4節に「勇気を出せ」と三回語られています。神はあなたの働きが難しく困難が伴うことをご存じです。大事なことは、神があなたをその働きに召されたことが一番すばらしいことなのです。私たちのゴールは神の栄光を現わすことです。神に従うことによって神の栄光が現われるのです。ですから「勇気を出せ、恐れてはならない」と語られるのです。

モーセの死後、ヨシュアは「強く、雄々しくあれ」という言葉を神からかけられました。ヨシュアの前には大きな働きが立ちはだかっていたからです。新約聖書におけるすばらしい実例はテモテです。パウロは自分の生涯がもう長くないことに気づいており、自分が走って来たバトンを弟子であるテモテに渡そうとしていました。「キリスト・イエスにおける恵みによって強くなりなさい」とパウロはテモテに語りました。それは「与えられている働きをやり遂げなさい」という召しです。神に従い始めることと、それをやり続けることは別のことです。神が私たちを特別な働きに召し出される時、私たちは神のすばらしい御業を思い描きます。しかしそれは段々むずかしいということが分かってきます。その時こそ神の御声を聞くことが大事です。神は私たちを励ましたいと願っておられます。私たちは時に自分の働きに対して「これは何の意味があるのだろう」と疑問を抱くことがあるかもしれません。けれども神はおっしゃいます。「強くあれ、勇気を出せ、その働きを続けて行え、恐れるな」。神は民に対して神殿を建て直すようにと語られました。そしてそのことを続けるようにと語られたのです。

皆さんの中にも、今、失望している人がいらっしゃるでしょう。神は必要な力を与えてくださいます。この点が今日の説教の中で一番大事な点です。失望を乗り越えるための一番目のポイントは、主が私たちのことを知っていてくださるということです。二番目は、主の励ましの言葉に従うということです。そして三番目は、私たちは失望の中にあっても、主の臨在によって強められるということです。

私たちは時に何回も同じ言葉を聞かなければなりません。「強くあれ、強くあれ、強くあれ」と何度も語られたのと同じように。神が私たちに何度も同じメッセージを語ってくださることは何とすばらしいことでしょうか。「働け、わたしはお前たちと共にいると／万軍の主は言われる。ここに、お前たちがエジプトを出たとき／わたしがお前たちと結んだ契約がある。わたしの霊はお前たちの中にとどまっている。恐れてはならない」（4b～5節）。

これは神自らが「わたしは」と語りかけ、皆さんと共にいることを約束してくださっているのです。

私たちは礼拝で、または祈る時に神の臨在を感じることがあるでしょう。けれども霊的な働き以外の時にも、神が私たちと共にいてくださるのは何とすばらしいことでしょうか。神は常にあなたのそばにいてくださるのです。単に共にいてくださるだけでなく私たちのためにいてくださるのです。私たちはここから世に遣わされていきますが、皆さんが教会の働きや様々な仕事についておられたとしても、イエス・キリストが救い主であることを本当に知っておられるでしょうか。神はあなたが神に仕えるようにと召しておられ、あなたの生涯を通して神に仕えるようにと願っておられます。そしてイエスの弟子を作るように召し出されているのです。神が私たちのすることを上から見下ろして、裁いておられるかのように考える必要はありません。私たちが働くときに、神は私たちと共にいてくださることは本当に大きな励ましです。

どうぞこの時代の人々のことを考えてください。民は捕囚の地より帰還後、神殿の再建工事に従事しましたが、途中で仕事を投げ出してしまいました。様々な困難に直面したからです。しかし、もう一度自分たちをその働きに捧げました。神はおっしゃるのです。「わたしはあなたと共にいる。わたしの霊はお前たちの中にとどまっている」と。これは「契約に基づく臨在」です。

イエス様は弟子たちに、「わたしは世の終わりまで、いつもあなたがたと共にいる」とおっしゃいました。そしてペンテコステの日、弟子たちの上に聖霊が降ったのです。聖霊は彼らが働きをするための必要な力を与える神の霊でした。今、私たちはもう一度聖霊に自らを捧げ、主御自身の内に力の源を見出し、神の力を求めたいと思います。

私の父の晩年に起こったことをお分かちします。ニューヨークのセントラルパークで、ビリー・グラハム博士が集会を開かれたことがあり、多くの人々が集まっていました。ビリー・グラハム博士の話が終わり、音楽が始まりました。その時一人のスタッフが会衆の中にいた父に声をかけたのです。「博士がスティーブン先生に会いたいと言っておられます」。そして父と私は一緒に講壇に上がりました。博士はとても疲れたご様子でした。短い挨拶を交わした後、博士はすぐにこう言ったのです。「スティーブン博士、私のために祈ってほしい。私は今弱さを感じている。私にはまだ多くの働きがある」。私はその時の父の祈りを録音できていたらと思うのですが、それは本当にすばらしい時でした。ビリー・グラハム博士が神に用いられた器だということは、「謙遜の心」を持った人物であったからでしょう。彼はそれまでに何千回と説教をしてきており、ビリー・グラハム伝道協会も大きな規模になっていました。けれども彼は「私は神様の力が必要なんだ。神様が力をくださるように私のために祈って欲しい」と父に求めたのです。私たちはこのような姿勢が毎日必要です。私たちの力の源はどこにあるのでしょうか。主にあります。「わたしはあなたと共にいる。わたしの霊はお前たちの中にとどまっている」と主はおっしゃいました。ですから神の霊が私たちに力を与えてくださるように祈り求めるのです。イエスの弟子たちも神の力を求めて聖霊に満たされたのです。神は私たちに決して自分の力でしてほしいと願っておられません。二つの選択肢があります。自分の力でするか、神の力にすがるかです。皆さんはどちらを選びますか?

失望を乗り越えるための四番目のポイントは、神が私たちの働きの只中に共にいてくださることです。それは神の栄光のためであり、私たちの人生の真のゴールです。神は未来にすばらしい約束を与えてくださっています。「わたしは、……天と地を、海と陸地を揺り動かす」(6節)と。働きのための必要が備えられるために、天と地のすべてのものを揺り動かすと。間もなくそのことは起こると書かれています。また主は言われます、「銀はわたしのもの、金もわたしのもの」(8節)と。神は必要を不思議な方法で備えてくださる方です。

私たちが様々な必要のために思い悩むとき、神は「わたしがそれを準備するから」と語られるのです。必要をすべて満たすことのできる神に私たちは信頼したいと思います。私たちは賢明でなければならないでしょう。知恵が必要です。忠実でなければならないでしょう。けれどもすべての必要を満たすことができる方は、主御自身です。私たちにとって最大の励ましは、神がさらに大きな栄光を、私たちに約束してくださっていることです。民はソロモンの時代の栄光を覚えていたかもしれません。しかし、「この新しい神殿の栄光は昔の神殿にまさる……この場所にわたしは平和を与える」(9節)と神はおっしゃるのです。彼らはやがて救い主が来て、その支配を完成してくださることを待ち望むようになったのです。まさに神の栄光と平和の完成の時です。イエスは、「すべての民をわたしの弟子にしなさい」と語られました。やがて、すべての人が主の前に膝をかがめ、「イエス・キリストは主である」とすべての舌が告白するのです。皆さん、今置かれているところで忠実に与えられている仕事を果たすなら、それは神の栄光の日につながっているのです。ですから揺り動かされることなくしっかり固く立ってし続けるように。なぜならあなたの働きが無駄になることは決してないと神はおっしゃるからです。

ある時、アンゴラで宣教師として働いていた祖父が、私の父に手紙を書きました。当時、父は英国で大学に在学しており、霊的に困難を覚えていた時でした。アンゴラから英国までは手紙が届くのに三か月かかりました。その手紙の内容は以下です。「私たちの人生はすぐに過ぎ去ってしまう。しかし主のために生きた生涯はいつまでも残る。いつまでも残るものに目を留めて行きたいと思う。私たちが主に仕える時、それはずっと大事な働きとして永遠に残り続けるのだ。この世の多くのものは過ぎ去って行くが、主は御自身の教会を建て上げてくださる。陰府の力もそれに打ち勝つことはできない。だから私たちはこの働きを続けていく。この方の霊にすがり、神が私たちにせよと命じられた働きを忠実に果たして行きたいのだ」。

皆さん、私たちはもう一度自らを神の前に忠実に歩んで行くという決断をし、捧げるべき時にいるのではないでしょうか。主の働きが決してやさしいものではないことを神はご存じです。しかし神はおっしゃるのです。「わたしの栄光のためにそのことをしなさい。あなたを強め、あなたと共にいるから。あなたはわたしの大きな計画の中にいます」と。

（文責　又吉里子）

〈早天聖会Ⅰ〉

クリスチャンの喜びの源

ローマ人への手紙 5章1～11節

鎌野 善三

伝統あるケズィック・コンベンションにおいて、このような貴いご奉仕をさせていただけることを心から感謝します。緊張のあまり、今朝は3時に目が覚めてしまいました。それから一睡もしていません。もし万一、説教中に私が居眠りしたら、そのためだとご理解ください。

私は3才ぐらいの時から、「大きくなったらドンデンチャになるんだ」と言っていました。「伝道者」と言えなかったのです。親が牧師だったので、その願いを素直に受け、まっすぐに進んできました。そして今、自分が伝道者であることは、神様の大きな恵みだなと喜んでいます。

この集会のために主の導きを祈っていたときに示されたのが、先程読んでいただいたローマ書5章でした。これが、今年の日本ケズィック・コンベンションの主題、「聖霊の満たしと愛の生活」の基づいている聖書箇所であることに気付いたのは、この月曜日でした。しかし、これは偶然ではなく、神の導きだと思います。

ここにおられる方々はきっと、「聖霊の満たしと愛の生活」を送っておられると思いますが、どうでしょうか。一番前におられる人が首を横に振っておられます。正直ですね。私自身も、まだ主のみ心にそうことができないでいます。自分がこんな状態で良いのかと思うことがあります。しかし、そのような私たちだからこそ、この聖書箇所は大きな励ましとなるのです。

1節をお読みしましょう。「こうして、私たちは信仰によって義と認められたので、私たちの主イエス・キリストによって、神との平和を持っています」。私たちは自分の正しい行いよって、クリスチャンになったのではありません。ただ、主イエスを救い主と信じる信仰によって救われました。信仰によってです。ローマ書4章までには、ユダヤ人も異邦人も神の前にはみな罪人であることが明記されています。しかし、主イエスの十字架の贖いを信じるだけで、神はどんな罪人でも義と認めてくださったのです。だからこそ、神との平和な関係をもつことができました。

クリスチャンなら、祈らない人はありません。なぜ祈るのでしょうか。神がおられると信じているからです。こんな私でも、主イエスを信じることによって、ありのままの姿で祈れるという平和な関係をもつことができるようになりました。信仰によって神の子とされるという「この恵みに導きいれられた」のです。それゆえ、喜んでいます。これはクリスチャンの喜びの源です。信仰による喜びです。この信仰は過去の決断によって与えられました。イエスを救い主と信じる信仰によって、私たちのクリスチャン生涯は始まりました。

続いて2節にはこう書かれています。「そして、神の栄光にあずかる望みを喜んでいます」。たとえ今の自分ができそこないであっても、神の栄光にあずかる希望があるからこそ、喜びが生まれてきます。ピリピ書1章6節には、「あなたがたの間で良い働きを始められた方は、キリスト・イエスの日が来るまでにそれを完成させてくださる」と約束されています。自分で必死になるのではなく、神ご自身がそれを完成させてくださる。それがクリスチャンの望みです。

私たちは、まだまだ荒削りなクリスチャンです。なかなか人を愛せないし、悪の誘惑に負けることもあるし、み言葉に従うことができないでいます。しかし、主イエスは、こんな者のためにとりなしてくださっています。聖書に記されている望みとは、自分の願望が実現することではありません。わたしの若い頃、結婚する良い相手が与えられるように望みをもっていました。しかし、自分が望んだ人への道は閉ざされ、涙を流したことがありました。けれど神は、私が望む以上のすばらしい相手を与えてくださいました。今は感謝でいっぱいです。

聖書の示す望みは、「私たちをイエスのような者としてくださる望み」です。その望みを実現させてくださるのは神です。現在の自分の姿は、それに遠く及ばないかもしれません。しかし私を義と認めてくださった方は、こんな私を必ずイエスのようにしてくださるという望みをもって生きていく。それが、「神の栄光にあずかる望み」であり、その望みがあるからこそ、喜ぶことができるのです。将来の望みを抱いて歩んでいるところに喜びが生まれるのです。

3節をご覧ください。「それだけではなく、苦難さえも喜んでいます」。そんなこと、本当にできるのでしょうか。正直に言うと、私も苦難に遭いたくありません。主の祈りの中にある「試みに遭わせず」と心底から祈ります。それでも試練があるとするなら、それは神が必要だと判断されているからです。ですから、「苦難とともに逃れる道」も与えてくださるのです。

私たちの教会に、小学生の二人の男の子がいるクリスチャン・ホームがあります。この兄弟は、教会でもよく喧嘩する二人です。ところが小学一年生の弟が「川崎病」になり、入院したとの電話がありました。一生懸命祈りました。教会でも祈りました。三年生のお兄ちゃんも一所懸命祈りました。ところが二週間たっても良くなりません。そこで、お兄ちゃんが「みんなでこんなにお祈りしているのに、なぜ治らないの」とおじいちゃんに尋ねたのです。おじいちゃんは、「祈りがきかれるのに、忍耐がいるのだよ」と答えると、お兄ちゃんは、それから「神さま、弟の病気が治ることを信じて感謝します」と祈り始めたというのです。おじいちゃんは「この子は、弟の病気で変わりました」と証してくださいました。

4節には、「苦難が忍耐を生み出し、忍耐が練られた品性を生み出し、練られた品性が希望を生み出すと、私たちは知っている」と書かれています。どんな苦難があっても神は必ず最善にしてくださることを、「私たちは知っています」。アーメンでしょうか。「苦難があっても大丈夫だ。弱い時にこそ、主に祈り求めるので、強くなるのだ。弱いからこそ強いのだ」ということが明確になるのです。

確かに私たちは義と認められましたが、足らないところはまだたくさんあります。しかし、神はキリスト・イエスの日が来るまでにそれを完成してくださるのです。自分の将来にその望みがあるなら、私たちは喜ぶことができるのです。

私は、毎日聖書を一章読む習慣を、小学校一年生の時からもっています。母親から、「学校へ行く前に読みなさい」と命じられました。教科書で皆が「さいた、さいた、さくらがさいた」と習っていたころに、私は「初めに神が天と地とを創造した」と声に出して読まされていたのです。最初は意味がわかりませんでしたが、高校・大学・神学校と進むにつれて、だんだんと面白くなりました。読めば読むほど、その深みがわかってくるからです。皆さんにもそのことを知っていただきたいのです。

私が遣わされていた教会で、信徒に「聖書を最初から最後まで通読したことがある人は」と尋ねると、少数でした。そこで1997年から、聖書通読を目指して、毎日一章ずつ読むように勧め、その章の内容を3分間にまとめたものを録音し、教会員に電話で聞いてもらえるようにしました。そして、3年余りで旧新約聖書を全部読み終えました。ところが用事で聞くことができなかった方から、「それを活字にして出版してほしい」という要望があり、『3分間のグッドニュース』という本ができました。

旧新約聖書で5巻セットになっています。聖書通読を志す方は、ぜひ用いてください。

なぜこのように宣伝するかというと、聖書に書いてある「望み」がどういうものかを知ってほしいからです。私たちが求めて読むならば、聖書はその日、必要な導きを示してくれます。「これが道だ、これに歩め」とのみことばが与えられるのです。このような日々の積み重ねの中で、私たちは変えられていきます。それがクリスチャンの喜びです。

さらに聖書は進んでいきます。5節をご覧ください。「この希望は失望に終わることがありません。なぜなら、私たちに与えられた聖霊によって、神の愛が私たちの心に注がれているからです。」現在、神の愛が注がれているのです。過去に私たちは信仰によって義と認められました。そしてまた、将来には望みが与えられました。そして現在、愛をもって生きているのです。聖霊によって、神の愛がわかるなら、私たちはさらに喜びに満たされるのです。

パウロは迫害者でしたが、主イエスと出会うことによって変わりました。その出会い方は、12弟子たちと違っていましたね。弟子たちは、肉体をもたれたイエスの姿を、肉眼で見ました。復活された主イエスを自分の目で見ました。しかしパウロは、イエスを肉眼で見たことはなかった。確かに彼は、復活のイエスと出会いましたが、それは主の昇天後のことです。彼が主イエスとお会いできたのは、昇天後に与えられた聖霊のお働きによってなのです。

現在、私たちも肉眼で主の姿を見ることはできません。でも主とお会いできます。聖霊によってです。聖霊が与えられたから、私たちは主を見ることができます。「私のようなものには聖霊が与えられるはずがない」と思う人は大間違いです。聖霊は働いておられるのに、それを受け入れない。それが問題なのです。確かに神の愛が注がれているのに、それを自分で認めようとしないなら、何ともったいないことでしょうか。

6節から8節までの個所には、少し説明が必要でしょう。7節の「正しい人」というのは、パウロのような人のことです。律法を完全に行おうとしている正しい人なのですが、それが行き過ぎて、律法を行わない人を裁いているのです。「善良な人」とは、バルナバのような人でしょう。迫害者だったパウロさえも受け入れてくれるような人のためには、あるいは死ぬ人がいるかもしれません。でも、何の良いこともせず、神を認めないで不敬虔な生活をしている罪人が、神の裁きを受けなくて良いように、主は死んでくださった。それによって、神の愛がわかるのです。

過去の自分なら当然でしょうが、クリスチャンとなった現在の私たちであっても、神の愛を注いでいただけるにふさわしい者でしょうか。私自身はそんな者であると思えません。しかし、そのような罪人であり、弱い者であっても、主は今も、愛を注いでくださっている。パウロは、イエス・キリストが歴史上の人物だとわかっていました。しかし、このお方が、自分の心に内住し、愛を注いでくださっていることがわかったので、喜びに満ちあふれることができたのです。こんな罪深い者でも、キリストに愛されているとするなら、喜ばないでおれるはずはありません。

あるクリスチャンの方が、大きな罪を犯した。それが良心を激しく責め、いてもたってもおれなくなって私のところにやって来られました。その方は、「私はもう神様に愛される資格はありません」と言われました。しかしその方に、「わたしは決してあなたを見放さず、あなたを見捨てない」と断言なさる主の言葉をお伝えしたとき、その方は声をあげて泣かれました。そんな者でも神は愛してくださっている。聖霊はそれをお示しくださっている。それを素直に受け取りますか。それとも、まだ、「いえ、私などは決して愛されるはずがない」と言われますか。どうか、聖霊が今、語っておられることを受け入れてください。そうすれば、私たちの心に喜びは満ちあふれます。


「信仰と希望と愛」。これが、クリスチャンの喜びの源です。第一コリント13章には、「その中で一番すぐれているのは愛である」と書かれています。なぜでしょうか。再臨の日、義とされた私たちの信仰は実現します。主とお会いするという望みも実現します。しかし、主の愛はなくなりません。私たちの神と人への愛もなくなりません。愛はいつまでも残るのです。

最後に一言。新改訳と口語訳では「望みを、苦難を、神を喜んでいる」と訳されている個所は、新共同訳と教会共同訳では、「希望を、苦難を、神を誇りとしている」となっています。それは、喜びの源は自分ではなく主イエスだからです。信仰と希望と愛によって喜んでいる私たちは、そのようにしてくださった主イエスを誇りとします。今日、主イエスに告白しましょう。「私は、ただあなたの十字架を誇りとします。そしてあなたとお会いするのを待ち望みます。」

〈早天聖会Ⅱ〉

向こう岸に渡ろう

マルコによる福音書 4章35～41節

新川 代利子

ケズィックも三日目の朝となりました。充実した時というのはあっという間に過ぎてしまいます。教会のご奉仕から、職場、学校、家庭からも、神がしばらく離してくださって、ただ主と共に過ごすケズィックに招いてくださったことは、大きな感謝です。もう少し留まりたいと思いますが、イエスは私たちが恵まれた場所にじっと居ることをお望みになりません。招いてくださった主が、あなたをいよいよ派遣する朝となりました。「向こう岸に渡ろう」。これが、この朝主がおっしゃっていることです。「さあ、帰ろう」、「教会に帰ろう」、「職場に戻ろう」、「さあ、学校に。宿題がまだあったかな」。そうではありません。「向こう岸に渡ろう」なのです。

三つのことを心に留めたいと思います。第一は夕方の舟出、第二は嵐の恐怖、第三は嵐を静める方への畏敬です。御言葉を取り上げますなら、第一は「向こう岸に渡ろう」。第二は「わたしたちがおぼれてもかまわないのですか」。第三は、「黙れ、静まれ」と「いったい、この方はどなたなのだろう」です。

まず、第一は「向こう岸に渡ろう」とおっしゃる主の御言葉です。「その日の夕方になって」とありますが、どんな日だったのでしょうか。4章1節を見ますと、「イエスは、再び湖のほとりで教え始められた。おびただしい群衆が、そばに集まって来た。そこで、イエスは舟に乗って腰を下ろし、湖の上におられたが、群衆は皆、湖畔にいた」とあります。そして、その舟の上から少し距離を置かれて、イエスは種を蒔く人のたとえ話を語ってくださいました。人々に教えられた後、イエスは12人の弟子たちと一緒にいた人たちに、たとえ話をご自身で解説なさいました。一日教え続け、弟子たちを諭されて、イエスはどんなにかお疲れになったことでしょう。その同じ日の夕方なのです。日が暮れていきます。弟子たちも休みたいと思う時刻です。

しかし、夕方イエスは「向こう岸に渡ろう」とおっしゃるのです。夕方の舟出です。弟子たちの中には漁師たちもおりますから、夜、湖に出るのは慣れていたと思います。夜に漁をすることも多いのですから。しかし、その日は違いました。一日中イエスも教え、またその周りで弟子たちもじっと聴き入り、教えを理解しようと注意を向けてきました。ですから、弟子たちも疲れていたことでしょう。そのような状況ですのに、「向こう岸に渡ろう」とおっしゃるのはなぜでしょうか。「さあ、今日も一日終わったから休もう」とおっしゃらなかったのか。なぜ夕方ですのに、これから真っ暗になるのに、働く時間ではないのに、周りに助けを求める人々はついて来ないのに。

しかし、この続きをみますと、なぜイエスがそうおっしゃったのか、その理由がよくわかります。湖の向こう岸にはゲラサ地方があって、そこに汚れた霊に取りつかれた哀れな人が一人いたのです。弟子たちには分からなかったのですが、イエスはご存知でした。この一人の人が苦しんで解放されるのを待っていました。半面、汚れた霊は「離すまい」と必死になってこの人を握っていました。ですからイエスは、たった一人のこの人を解放するために、湖を渡って行くとおっしゃったのです。十字架を目指すイエスにとって時間は貴重なものでした。「明日」とはおっしゃらなかったのです。私はどうでしょうか。あなたはどうですか。助けを要する人がいるとわかっていても、「きょうは忙しかったから、明日にしましょう」、「もう少し時間をおいても、急に病状が変わるはずがないでしょうから」と思いやすいのではないでしょうか。特に一生懸命仕事や勉強や奉仕をした後は、体が疲れます。ついつい他の人に心を向けるよりも、自分をいたわる方に心を向けていきやすいのです。しかし、イエスは違いました。

弟子たちはどうしたでしょうか。「群衆を後に残し、イエスを舟に乗せたまま漕ぎ出し」たのです。恐らく「向こう岸に渡ったら、ゆっくり休ませていただけるだろう」と思ったかもしれません。舟の中で、疲れたお体のイエスは枕をして眠っておられました。イエスは、「向こう岸に渡って行きなさい」

と弟子たちにおっしゃったのではありません。「私はここにいるから、皆、向こう岸に渡って行きなさい」とおっしゃったのではありません。この朝私たちを派遣されるイエスは、「行きなさい」とおっしゃるのではなくて、「向こう岸に渡ろう」、「一緒に渡ろう」とおっしゃるのです。イエスは宣教なさる神です。イエスは一人も滅びることがないために、救いの聖手を伸ばしていかれる方です。しかし、その宣教の神はお一人でその業をなさるのではなく、敢えて人を用いて宣教を進めていかれるのです。あなたにもこの朝イエスは、「私と一緒に、一人の人の救いの働きにあなたも加わってください。一緒に働きましょう」と呼びかけておられるのです。それを聴いたあなたは、この朝どのようにお応えしますか。弟子たちは舟を漕ぎだしました。あなたもきっとイエスと共にここから立ち上がっていかれるでしょう。

それでも、心に留めなければならないことがあります。それは、激しい嵐が襲ってきて、行く手を遮ることが起こるということです。「行かせまい。誰かのために労しようという思いを取り去ろう」という力が働くのです。それが第二の嵐の恐怖です。ガリラヤ湖は地形的に突風が起きやすい場所だと言われています。急に天候が変わって、風が吹き雨が降ることがあります。しかし、この箇所に出てきますのは、その程度のものではありません。激しい暴風雨です。「舟は波をかぶって、水浸しになるほどであった」のです。波が舟を打ちたたいていたのです。もしこのまま進めば舟は沈むに違いありません。これは普通に起こる自然現象ではなく、別の恐ろしい力が働いていたと思うのです。それは、イエスに向こう岸に来て欲しくないと抵抗し、イエスがおいでになるのを必死になって止めようとする悪しき霊の力です。ゲラサ地方の一人の人を苦しめていた汚れた霊、その霊は湖の向こう岸で「ここに来るな。ここに来るな」と叫んでいたのではないでしょうか。闇の支配を握っているこの汚れた霊は、光が暗黒の地を照らすのを必死になって止めようとするのです。力を振り絞って止めようとするのです。

イエスに従い、ケズィックから派遣されていくあなたの行く手に、「来るな。引き返せ」と、あなたの従う意思を挫こうとし、従わせまいとして、いや従うことをあきらめさせようとして、あなたの心を騒がせる力が働いてくるに違いありません。弟子たちはどうしましたか。艫《とも》の方でイエスは疲れて眠っておられました。実は、イエスが眠っておられたという表現は、ここだけに記されているそうです。ヨハネによる福音書4章6節に「イエスは旅に疲れて、そのまま井戸のそばに座っておられた。正午ごろのことである」と記されていますが、眠っておられたというのは、この突風が吹いて大嵐になった出来事のところだけです。このとき、イエスはもちろん眠っておられますが、肉体は眠っていても、イエスの心は決してまどろむことはありません。恐らく、弟子たちが「助けてください」と祈り求めることを望んでおられたに違いありません。しかし、弟子たちは祈らずに、「先生、わたしたちがおぼれてもかまわないのですか」と叫びました。

ここにいる私は、あなたはどうでしょうか。もしかしたら、この弟子たちと同様なことを言うことはないでしょうか。「職場でクリスチャンであるゆえに、私がとってもひどい目に遭ってこんなに悲しんでいるのに、イエス様、かまわないのですか」、「私の家庭がこんなに壊れてしまっているのに、かまわないのですか」。あなたにとって恐らく、イエスが眠っておられて立ち上がろうとなさらないように思える時があるかもしれません。人生の嵐の恐怖。主イエスに従うゆえに、あなたにも悪しき霊は必死に抵抗し、従うのをやめさせようとします。

三番目、嵐に向かって主イエスは何をなさったでしょうか。起き上がり、風を叱り、「黙れ」と言われました。荒れ狂う湖に向かって、「静まれ」と言われました。英語の訳（NRSV）では「Peace! Be still!」と書いてあります。「平安あれ！心を静めよ！」。あなたの心が騒ぐ時、イエスは「平安あれ。心を騒がせるな。静まりなさい」とおっしゃるのです。

第15回のケズィックに初めて、沖縄の小さな村の教会の牧師の鞄持ちとして参加しました。牧師が讃美歌を忘れたので、エレベーターを乗り継いで別の建物まで取りに行って来なければなりませんでした。遅れてはいけませんから、とても焦って急いでエレベーターに飛び込みましたら、両手を合わせてにっこり微笑んで私に丁寧に会釈した一人の老紳士がおられました。はっとしました。何とも言えない穏やかさに、もしイエスが地上におられたら、このようなお姿かもしれないと思いました。次の階でその方は降りていかれ、私はそのまま乗り継いで行きました。やっと会場に戻ってきて座った瞬間、司会者、委員長、講師の方々が壇上に入ってこられたのです。その中央にあの老紳士がおられるではありませんか。その方こそポーロ・リース先生だったのです。メッセージを聴く前に、私はこの小さな経験をとおして、ケズィックがどんな聖会であるかがわかりました。聖なるたたずまいを与えていただける、それがケズィックです。

「向こう岸に渡ろう」。もしかしたらこの中で、あなたに向かって、「伝道の世界、魂が待っている世界に私と一緒に渡っていこう」とイエスは声をかけておられるのではないでしょうか。御声を聴いたら、躊躇してはならないのです。第17回のケズィックで神と両親の愛の板挟みの苦闘の末、雹が会場の屋根を叩く夜の聖会で、私はついに長い間の夢を捨てて神様に降参し、両親を神様の聖手に委ねて召命に応え、静かな聖霊の盈満、天来の平安をいただきました。

「黙れ。静まれ」とイエスがおっしゃると、たちまち凪になりました。不思議に思うのですが、あれほど大嵐で恐れていたのに、その恐れとは比べることができないほど、弟子たちの心はどうなりましたか。「なぜ怖がるのか。まだ信じないのか」とおっしゃったイエスに、「弟子たちは非常に恐れて、『いったい、この方はどなたなのだろう。』と互いに言った」のです。嵐の激しさよりも、嵐を静めた方の前に畏敬の念に満たされたのです。ケズィックは、そのイエスへの厳かな畏敬をあなたの内に引き起こしていく集会です。

イエスはお約束のように、伝道者の道に進む私に反対した父を肺癌で召される少し前に救ってくださいました。母も一昨年、102歳で洗礼を受け、103歳6か月で天に召されていきました。主イエスの方法です。委ねたら、あなたにもイエスはその通りにしてくださいます。だから、「向う岸に渡ろう」とおっしゃってくださいます。その岸に、あなたを通してでなければ神の愛を知ることができない人が待っているのです。解放されるのを待っている人がいます。

「向こう岸に渡ろう」とイエスがおっしゃったら、必ずその通りになるのです。「渡ろう」とイエスがおっしゃって渡れなかった経験は、未だかつて一度も無いのです。イエスが乗ったあなたの舟は、いかなることがあっても決して沈むことはないのです。それを信じて、「一緒に行かせていただきます」とお応えしませんか。ご一緒にお祈りをいたしましょう。

〈レディース・コンベンション〉

かめの粉は尽きず

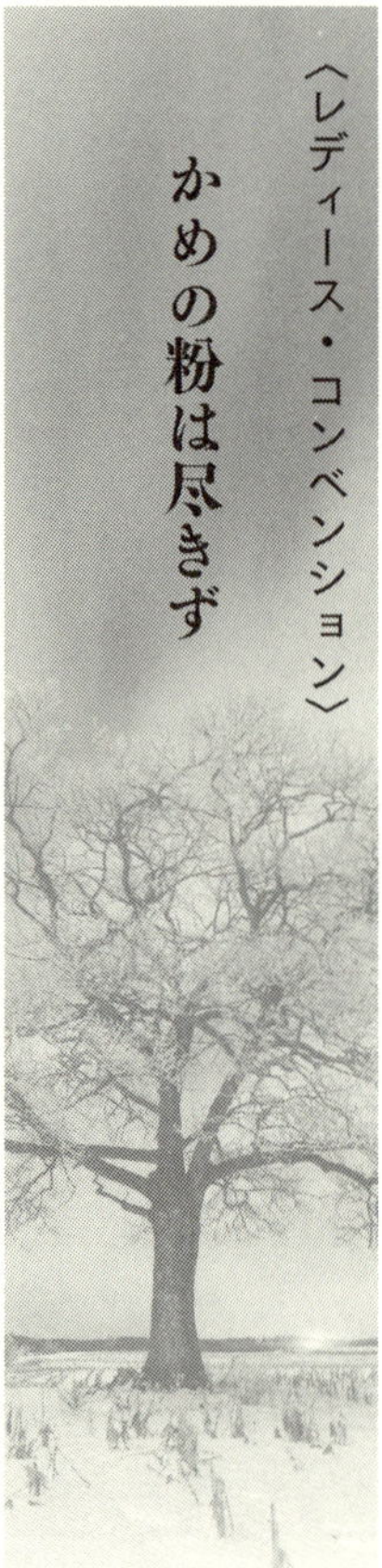

列王記 第一 17章16節

藤本 満

「エリヤを通して言われた主のことばのとおり、かめの粉は尽きず、つぼの油はなくならなかった」(列王記 第一 17章16節)。

時代は、イスラエルが北と南の王国に分かれていた頃です。北のイスラエル王国は、偶像崇拝に染まっていきました。バアル信仰を持ち込んだのは、アハブ王の妃、イゼベルでした。そしてこの偶像信仰を覆すために、神によって立てられた預言者が、エリヤです。

エリヤの生い立ちについても背景については、ほとんど記されていません。彼はある日、突如現われ宣言します。

「私が仕えているイスラエルの神、主は生きておられる。」(1節)。

神が生きておられるという証しのために､雨は降らない。エリヤは大規模な飢饉を宣告しました。ところが、当時の政治社会・宗教社会に対してこれほど衝撃的な言葉を語っておきながら、自分は身を隠してしまいます。

それは神の命令でした。「ここを去って東へ向かい、ヨルダン川の東にあるケリテ川のほとりに身を隠せ」（3節）。

信仰を学ぶエリヤ

エリヤは、ケリテ川の水で喉を潤していました。そして数羽のカラスが、朝夕とパンと肉を運んでくるのです。こんなことがあるのでしょうか。カラスに餌をやったことはあっても、カラスに養ってもらうのです。一日目はこの肉って大丈夫だろうかと怪しみ、次の日も食事がやってくるのだろうかと疑い、エリヤは一つのことを学んでいきます。神を信じる者に対する、神の真実な守りと養いでした。

私の仕える神は生きておられると言った以上、彼が学ばなければならないことがありました。それは、預言者にとって最も大切な教訓、つまり神に対する絶対的な信仰・信頼です。

私は日本の大学を出てすぐに、アメリカの神学校に行きました。全給費の奨学金を維持するために、必死で勉強しました。そのせいで、二年目には自律神経をやられて微熱が続き、学びを継続することがむずかしいくらい苦しみました。神学校のあと大学院にも行きましたので、合わせて七年もの留学期間になってしまいました。どこに行っても奨学金と可能なアルバイトを探し、帰国したのは結婚式のために戻った一回だけでした。航空券など買える余裕はありませんでした。日本に帰って牧師になってから、案の定、幼い頃から苦しみ続けてきた喘息がひどくなり、救急車に二回乗りました。そもそも喘息の人間が話す仕事に就けるわけがないと家族に申し訳なく、涙しました。

自分の奉仕の生涯の初期の頃を振りかえると、いつも貧乏と病気の自慢話になってしまいます。でも、懐かしく思い出されるのです。そのように神だけを頼りに生きていた頃が懐かしいのです。困難と失望の底で、神だけを見上げることを学んだことは、自分の牧師生涯を始めるにあたってどうしても必要だった学びの課程でした。

このレッスンは、この時期に学び終えたのでしょうか。いいえ、「私の仕える神は生きておられる」という、共におられる神に対する絶対的な信頼は、そう簡単には学べないのです。いや、何度でも学び直さなければなりません。一生学び続けるのでしょう。懐かしくもあり、同時に今でも新鮮に体験する、信仰の原点、それが「私の仕える神は生きておられる」という経験です。

この絶対的な信頼の世界に、私たちは招かれているのです。でもそのためには、信仰が磨かれ、練られる世界へと思い切って踏み出していかなければなりません。

小さな少年が、村にやってきたサーカス団のことを耳にしました。そんなお楽しみが、田舎の町にやってくるとは、初めてのことです。少年は、友だちから噂を聞きました。サーカスには、動物使いがいるそうだ、曲芸師がすごいことをやるそうだ。

彼は家に帰るなり、お父さんにいいました。

「ねえ、お父さん、サーカスに行っても良い」。

「だめ、そんなお金はうちにはない」。

とりつく島もありません。

何度も頼むので、お父さんは折れました。「毎日、学校から帰ってきたら、畑の仕事を手伝いなさい。一週間後に二千円をあげよう、それで行ってきなさい」。

毎日、がんばりました。そして、とうとう、次の土曜日、彼は二千円を手に持って、サーカスに行きました。目にしたのは、町を練り歩くパレードです。勇壮な虎がいました。檻の中をほえたけり、その檻が車に乗せられ、その上に猛獣使いがいます。玉乗り曲芸師が、玉に乗りながら道を行きます。空中ブランコの女性が、コスチュームを着て歩いています。

少年は、興奮しました。びっくりしました。最後に来たのは、ピエロです。玉を四つも五つもジャグリングしながら、歩いていきます。少年は、最後にやってきたピエロに走り寄って、手を差し出しました。ピエロはジャグリングの手を止めて、少年の手を見ます。そこには二千円が握られていました。少年は、大きな声で、ありがとうございましたと言うと、ピエロに二千円を渡して、走り去っていきました。

少年は、このパレードがサーカスだと思ったのです。パレードそのもの、見物でした。でも、このパレードについて、サーカスに入っていくとは思いも寄らずに、パレードだけで満足して、帰ってしまいました。残念です。信仰の入り口付近にとどまり、中に大胆に足を踏み入れようとしないのです。大胆な主の招きに応える機会がないのか、勇気がないのか。

まず神のために

ケリテ川が干からびました。すると神はエリヤにおっしゃいます。

「シドンのツァレファテに行き、そこに住め。見よ。わたしは、そこのひとりのやもめに命じて、あなたを養うようにしている」（9節）。

旅をして、ツァレファテの「町の門に着くと、ちょうどそこに、薪を拾い集めているひとりのやもめ」がいました。ところがエリヤを養うはずの、そのやもめの生活は、風前の灯火です。彼が要求したのは、わずかなことでした。「水差しにほんの少しの水を持って来て、私に飲ませてください」。取りに行こうとする女性に、思わず、もう一つのささやかなお願いをします。

「一口のパンも持って来てください」。

ところが、驚きの答えが返ってきます。

「私は焼いたパンを持っておりません。ただかめの中に一握りの粉と、つぼにほんの少しの油があるだけです」。

エリヤは戸惑ったに違いありません。ようやく、カラスに養われる生活から脱して、一人のやもめのところに行くことになる。だとしたら、せめて、そのやもめは亡くなったご主人の遺産でもあって、裕福であろうと想像します。

あらためて考えると興味深いことです。神は、世界の宝物倉に関心がありません。神が関心を寄せられたのは、なんと、やもめの家にある一握りの瓶の粉と壺に入ったわずかな油です。神は、いつもこの世界の偉い人・裕福な人にはあまり関心を寄せておられません。やもめの瓶の粉と壺の油に目を留められます。

すると、予想もしない答えが返ってきます。

「ご覧のとおり、二、三本の薪を集め、帰って行って、私と私の息子のためにそれを調理し、それを食べて死のうとしているのです」（12節）。

なんともあわれなやりとりです。聖書には記されていませんが、エリヤは躊躇したのではないかと思います。いったい神は、なぜ、私をこの女性のところに遣わされたのか。

そして、エリヤは気がついたのではないでしょうか。カラスを用いて私を養ってくださった神は、この貧しいやもめを豊かに祝福されるに違いない。エリヤは自分が培ってきた大胆な信仰を、この女性に教えます。

「恐れてはいけません。行って、あなたが言ったようにしなさい。しかし、まず私のためにそれで小さなパン菓子を作り、私のところに持って来なさい。その後で、あなたとあなたの子どものために作りなさい」（13節）。

これこそがエリヤが実践してきた確かな信仰でした。まず、神を第一としなさい。この信仰の挑戦に応えてごらんなさい。天の窓が開かれて、あなたは祝福される、と。

神を第一とするとき、信仰は深みへと達していきます。神がそのように私たちを祝福してくださいます。そして、この信仰姿勢は、引き継がれていかなければなりません。エリヤはやもめに、私たちは次の世代に。私たちにはその使命があります。最初は乏しく、しかし次第に祝されて豊かになったからと言って、試練の中で培った信仰を忘れて生きてはいけないのです。豊かになったのであれば、そこでも神を第一とする信仰を違う形で方法で発揮しなければなりません。周囲の人びとが、それを見ることによって、なるほど「神は生きておられる」、「あの人のように私の信仰も磨いてください」と願うような、そんな模範として生きていきたいと思います。

やもめの信仰を尊ばれる神

ツァレファテのやもめは、神のことばどおり、「行って、そのとおりに」(15節)実行しました。その結果も、ストレートに記されています。「かめの粉は尽きず、つぼの油はなくならなかった」。エリヤがやって来てから、飢饉はまだまだ続きます。しかし、その間、かめの粉は尽きず、つぼの油はなくなりませんでした。この信仰の味わいを知ったのは、やもめだけではありませんでした。彼の息子もそうです。この女性の信仰、それに応えた神の祝福を家族して味わい、そして代々語り継がれるようになったのでしょう。神を尊ぶとき、神は私たちを尊んでくださり、驚くばかりの祝福が、この小さな群れを包みます。

灼熱の砂漠で、一人の男が道に迷っていました。コップ一杯の水を求めてさまよっていると、遠くにさびれた小屋が見えます。人の気配はありません。屋根ははがれ、ドアの板は壊れて垂れ下がったまま、砂漠の風にあおられています。

彼は家から数歩離れたところに、古い錆びた井戸を見つけました。「もしや」と思い、期待をかけて井戸に行きます。よろけるように井戸のポンプの取っ手にしがみついて、力を込めて押してみました。

「ギー、ギー」

砂にきしんだ音がするだけで、いつまでたっても水は出てきません。

呆然としゃがみ込んだ彼は、天の助けか、古びた水筒が横たわっているのを見つけます。水筒のほこりと泥をはらうと、こんな言葉が浮かび上がってきました。

「水を汲み上げようと思うなら、この水筒の水を全部、パイプの中に流し込め。終わったら、この水筒に水を再びいっぱいにしておくこと」。

彼は、水筒のコルク栓を抜きました。水が上まであふれるほど入っていました。そして、決断を迫られました。この水筒の水を飲んでしまえば、今の渇きはいやされます。でも、その先はありません。この水をあるだけ全部井戸に流し込めば、もしかしたら深いところから、冷たい新鮮な地下水を汲み上げて、好きなだけ飲むことができるかもしれません。でも、もし水が出てこなかったら……。

彼は水筒の水を全部、ポンプの中に流し込み、力いっぱい取っ手を握って、上下に動かし始めました。「ハッ、ハッ」……何の手ごたえもありません。しかし、しばらくすると突然、ボコボコ、ボコボコという音とともに、濁った水が上がってきました。やがて透明感をたたえた地下水が、ものすごい勢いで上がってきました。

彼は、冷たい水で喉を潤し、頭からそれをかぶり、体を冷やすことができました。そして、次の人のために水筒いっぱいに水をいれて、コルクで蓋をして、先のメッセージに書き加えたのです。

「本当だぞ。まずこの水筒の水を全部、流し込むんだ。必ず、水は上がってくる」。

そのパンをまず神のところへ。祝福の扉が開かれます。なぜなら、神を第一とする者を、神もまた第一としてくださるからです。

「主の御告げ。……わたしは、わたしを尊ぶ者を尊ぶ」（サムエル記第一 2章30節）。

〈教職セミナー〉

第一のものを第一に

コリント人への手紙第二　4章1〜6節

ジョナサン・ラム

使徒の働き6章にあるように、最初の使徒たちもあまりにも働きが多すぎて、み言葉のご用と祈りとが妨げられる危険の中にいました。ですから教会では、「この問題はこの人に委ねよう」、「このことはこの人に」というような傾向になっていきました。そこでこの「第一のものを第一に」ということですが、「わたしの働きの中で一番大切なものは何か」を考えることは大切ではないでしょうか。わたしの伝道牧会の働きの中で、このコリント人への第二の手紙4章1節から6節のみ言葉は、とても大切だと考えています。この手紙の背景は、皆さんよくご存じだと思います。パウロはどうも、このコリント教会とうまくいっていなかったようです。教会のある人々から批判を受けていました。「パウロがコリント教会で働いているのは、何か得をしているのではないか」と思ったり、また偽教師と言われている人々からは、「パウロが教えている福音は間違っている」と言われたり、また「パウロにはコリント教会で教える権利があるのか」と言われたり、「彼がやっている働きは意味があるのか」とか、「彼は自分の帝国を築いているのだ」といった批判もあったでようです。そういう批判を耳にした時、「自分はこう思うのだ」ということを述べているのです。まず「自分はどういう動機でこの働きをしているのか」。この個所では「自分は何を第一にしているのか」ということを述べています。

神の召しを知る

第一には、「神の召しを知る」ということです。「こういうわけで、私たちは、あわれみを受けてこの務めについているので、落胆することがありません」(1節)。彼が確信しているのは、自分かってに働いているのではなく、神に言われて働いているのだということです。彼はここで「この務め」と言い、3章では「新しい契約」の働きと言っていますが、新しい契約の務めの中心には何があるかと言いますと、それは神の救いのメッセージをこの世に伝えて行くことです。パウロがこの働きにおいてさまざまな困難の中でも落胆することがなかったのは、神の召命によるという確信があったからです。彼は自分のことを「神の大使である」と述べています。彼は神からメッセージを受けている、神から命令を受けていると確信していました。

神を中心としているということは2章にも出てきます。「このような務めにふさわしいのは誰でしょうか」と述べていますが、「滅びゆく人々の中でだれがこの務めをするのか」、それは「われわれであり、われわれは神から遣わされているから」と言っています。私たちも、パウロと同じ召しを受けているのではないでしょうか。私たちは、召しを受ける時にいろいろ考えますし、神の召しを自分はどのように全うすることができるだろうかと考えます。私たちに与えられている働きはあまりにも大きいのです。私たちは誰でも経験があると思いますけれども、どんなに困難があるとしても、この働きは神の召しによるのだということを知るならば、それに耐えていくことができます。

2節に一つの考えが記されています。「神の御前で自分自身をすべての人の良心に推薦しています」と述べています。この考えは、コリント人への手紙には何度か出てきますが、「神の御前で神のみ言葉を語っているのだ」、「神の御前でこの務めを行なっているのだ」ということは、私たちは神に召された者であり、神に果たすべき責任があるということです。私たちは、ただ単に教会で働いているというのではなくして、あるいは自分はある団体に働いているんだとか、その人から雇われているから働いているんだとかではなくして、また私たちは、だれかに自分の能力を認めてもらおうとか、自分の働きを褒めてもらおうとかいうようなことではなくて、私たちは神の御前で、神のために働いているのです。神から委ねられた働きを、神の御前で行なっているのです。これが私たちが第一に考えなければならないことです。パウロは、「私たちは、あわれみを受けてこの務めについているのだ」と言いました。「私は神に召されました。神の大使として、神から遣わされています」と言います。ですから私たちは、神に対して、責任があり、申し開きをしなければなりません。

神の言葉を説き明かす

「かえって、恥となるような隠し事を捨て、ずる賢い歩みをせず、神のことばを曲げず、真理を明らかにすることで、神の御前で自分自身をすべての人の良心に推薦します」（2節）。

パウロは、「神の言葉を忠実に語ることに自分を賭けている」と言うのです。神の言葉を勝手に曲げることをしないで、この言葉を人々の前で説き明かすと言うのです。「真理を明かにする」と言うのです。これは「広く宣言する」というような意味です。神の言葉をありのままに、忠実に語ることです。この2節の持っている力は、「人々を喜ばせるために、神の言葉を曲げない」ことです。「真理を明らかに、オープン」にするということです。それを「明らかに」するのです。それは一部の、特定の人に語るのではなくして、「すべての人に向かってこれを宣言する」のです。

「間違った教え」というものがありましたが、それについて2章で語っていますが、17節で「私たちは、多くの人たちのように、神のことばに混ぜ物をして売ったりせず」と言っています。これは当時ワインに水を入れて薄めたりした人もいたようですが、それと同じように、神の言葉に混ぜ物をするような人もいたようです。４章２節の「神のことばを曲げず」という言葉の背後には、そういうこともあったかも知れません。他の箇所には「異なったイエス」「異なった福音」という言葉もあります。ですから、第二に大切なことは、神の言葉を正確に、正直に、混ぜ物をしないで語ることです。これは牧師にとっても中心的な、大切なことではないでしょうか。あらゆる機会を捉えて、神の言葉を語り、神の言葉に聞き、神の言葉に従うことが大切です。

神の御子を宣べ伝える

「私たちは自分自身を宣べ伝えるのではなく、主なるイエス・キリストを宣べ伝えています」（５節）。

「私たちは自分を宣べ伝えるのではなく、主なるイエス・キリストを宣べ伝える」のです。しばらく前に、あるクリスチャンの新聞に載っていたことですが、世界のある国で、食堂を選ぶようにどこの教会に行こうか選んでいるというのです。また教会廻りをするというのです。教会に行くのに、何か買物をするようにしているというのです。悲しいことに幾つかの国においては、教会の牧師がマーケティングしているというのです。

パウロの時代にも、あるイメージのようなものが重要視されていました。それは一世紀のギリシャの文化ですが、強くて格好いい指導者が求められていました。説教も会衆に受けいれられるものが求められていました。10章にはある人の批判が載せられていますが、「話は大したことはないし、会って見ると弱々しく」などと言われていました。コリントの偽教師たちは、自分を格好良く見せようとしていました。そういう人たちに対して、対決するかのように語っているのが5節のみ言葉です。「私たちは自分自身を見せるために宣べ伝えるのではない」。自分自身の個性や特性を見せるために説教しているのではないというのです。このことについては、すでにコリント人への第一の手紙で述べているのです。2章で「私は、すぐれたことばや知恵を用いて……宣べ伝えることはしませんでした」と言っています。「私は……イエス・キリスト、しかも十字架につけられたキリストのほかには、何も知るまいと決心していたからです」とも言っています。それは、ここも同じです。私たちは「自分自身を宣べ伝えるのではない」のです。「主イエス・キリストを宣べ伝える」のです。これがパウロのメッセージの核心でした。第一コリントでは「十字架につけられたイエス・キリストを宣べ伝える」と言っています。第二コリントでは「主なるイエス・キリストを宣べ伝えています」と言っています。「救い主イエス・キリスト」が説教のエッセンスです。「神の御子を宣べ伝える」のです。

今はイメージを強調する時代ですから、説教の内容よりも、パフォーマンスのようなことが重んじられます。「イエス・キリスト、この世界の造り主」を宣べ伝えるのですが、「救い主イエス・キリスト」を宣べ伝えていますか。いつもその焦点は、この「救い主イエス・キリスト」にありました。こうしてパウロは絶対に、これを見失うことはありませんでした。

神の民に仕える

「私たちは自分自身を宣べ伝えるのではなく、主なるイエス・キリストを宣べ伝えています」と語りました。続いて、「私たち自身は、イエスのためにあなたがたに仕えるしもべなのです」と言うのです。私の友だちがリーダーシップについて、いつもこう言っています。「リーダーが部屋に入って来ると、みんな緊張する。しかし、クリスチャンのリーダーはそうさせてはいけない」と。

とても単純なことですけれども、リーダーの心構えは、「私たち自身は、イエスのためにあなたがたに仕えるしもべなのです」に要約されます。パウロは自分のアイデンティティをそのように考えていました。もちろん彼は使徒でありますが、それは自分が何か得をするためにではなく、また自分が何か栄光を得るためにでもなく、「この働きをあなたがたのしもべ」として、していると言うのです。「自分を伝えるのではなく、イエスを伝える」ことに徹したいと思います。

神の力に信頼する

この「神の言葉をそのまま伝える」ということは、とても大切なことです。また時には、一生懸命やっても実りが少ないこともあります。

それは会衆の中に「霊的盲目」があったからです（3～4節）。私たちの福音に「覆い」が掛かっているとしたら、それは「この世の神が、……思いを暗く」しているのです。このように「福音の光」が見えなくなっているとしたら、「彼らの心には覆いが掛かってい」るのです。このような民の霊の目を開くのは、神の聖霊だけです。

それは、ユダヤ人ばかりではなく、「すべての人」に言えることです。すべての人が福音に対して「拒否」する思いを持っています。いくら種をまいても、すぐ鳥が持って行ってしまいます。これが現実です。人々の霊の目を閉ざしている現実です。

ですから、パウロはこの務めのためには、祈りがどんなに必要であるかを痛感していました。私たちは、神を信頼して祈ることが必要です。

しかし、霊的盲目状態がある一方で、「霊的覚醒」もあるのです。

「『闇の中から光が輝き出よ』と言われた神が、キリストの御顔にある神の栄光を知る知識を輝かせるために、私たちの心を照らしてくださったのです」（6節）。

私たちの務めは、主イエス・キリストを宣べ伝えることです。そして、私たちは祈るのです。「人々の心を照らしてくださる」ように祈るのです。それは、神がこの世界を造られた時と同じです。このように、神に「光が輝き出よ」と祈るのです。聖霊はイエス・キリストが主であることを示してくださいます。私たちはイエス・キリストを通して以外に、神を知ることができません。4節には「神のかたちであるキリストの栄光」とあります。私たちはイエス・キリストを宣べ伝えますが、同時に私たちの心を照らす神を信頼することです。そして人々が、闇の世界から光の世界に移されるように、祈ることです。それは困難な状況に置かれている私たちにとって、大変なことだと思いますが、これは神から委ねられている働きであり、また神の働きでもあります。神の力を信頼することです。この福音の種は多くの実を結ぶ可能性を持っています。神が聖霊によって、その種を受け取った人に働いてくださることを信頼することです。ですから、私たちは落胆しません。

クリスチャンとして神の働きを進める時に、最大の敵は何でしょうか。それは世俗主義などではなく、また過激なイスラム教徒ではなく、私たちの中にある「失望感」です。諦めてしまう働き人もいますが、落胆することが、私たちの生き方に大きな影響を与えてしまいます。しかし、パウロは言います。「私は落胆することを拒否します」と。私たちは、落胆する必要は絶対にありません。パウロは、私はこのプライオリティーを握って生きていきますと言っています。

この働きは、神の召しであることを知って、「神のあわれみを受けてこの召しについている」のです。

神の言葉を説き明かすこと、これが牧師の働きの第一です。

神の御子を宣言すること、そして神の民に謙遜な心で仕えていくこと、最後に神の力に信頼することです。私たちは神のあわれみによって、この働きについていています。だから私たちは落胆しません。

（文責　錦織博義）

〈信徒セミナー〉

なお忠実に

デビッド・オルフォード

ヨシュア記 14章6～15節
15章13～19節

この午後、皆様とご一緒できることを感謝します。私たちは神が忠実で、永遠に変わらない完全な方だと知っています。「忠実」とはどういうことでしょうか。忠実とは、変わらず一つのことに自らを捧げていくことです。たとえば結婚すると、相手に対して忠実さが求められます。また教会や職場でも忠実さが求められるでしょう。また何か決断したことに対して忠実さが必要です。あるいは、健康のために特別な食事方法を取り入れたら、その食事方法を守らないと健康維持ができなくなります。このように、「忠実さ」は変わらないことが大事なのです。

ある時、私は二人の老婦人を訪ねました。一人は91歳で彼女は長年、スペインで宣教師をしていました。彼女は宣教師としての経験を活かし、教会でスペイン語が母語の子どもたちへのミニストリーに力を注いでいました。実は彼女には別の仕事がありました。それは認知症が進んでいる90歳の妹を介護することでした。共に食事をしたとき、お姉さんがこう言いました。「今妹に仕えていることは、私にとって大きな特権です」と。この言葉は私の心を打ちました。彼女は毎日、昼も夜も妹の面倒をみていました。91歳になった今もなお、教会での奉仕以上に、助けを必要としている妹に主にある喜びをもって仕えているのです。共に祈り、そこを離れる時、私は大きな神の祝福を感じました。長年神に仕えた彼女は今なお、忠実に生きていました。

忠実に生きることに関してカレブも同じでした。ヨシュア記はイスラエルの民が約束の地に入ることを書いています。多くの戦いが記録され、人々がどのように相続地を得、どのように十二部族に分割されていったかが書かれています。神がその土地に民を導かれたのは、「彼らの神」となり臨在されるためでした。今日の箇所に、カレブは「主に従いとおした」という言葉が三回もでてきます。カレブについて40歳と85歳の時の様子が記されていていますが、40歳と85歳のカレブの描写は変わっていないのです。どちらも、彼は神に対して忠実でした。45年前に神がカレブについて語ったことと全く同じなのです。

神は45年前に、イスラエルの民を約束の地に導き入れようと、十二部族の代表12人にその土地を視察させました。彼らは偵察に行き、帰って来て報告しました。10人が、「無理だ。そこに住んでいる人々はあまりにも巨大で、勝てない」と否定的な報告をしました。しかしヨシュアとカレブは「神の目的ならその地に入ることができる」と信じました。

民数記14章6〜9節に二人の報告があります。「土地を偵察して来た者のうち、ヌンの子ヨシュアとエフネの子カレブは、衣を引き裂き、イスラエルの人々の共同体全体に訴えた。『我々が偵察して来た土地は、とてもすばらしい土地だった。もし、我々が主の御心に適うなら、主は我々をあの土地に導き入れ、あの乳と蜜の流れる土地を与えてくださるであろう。ただ、主に背いてはならない。あなたたちは、そこの住民を恐れてはならない。彼らは我々の餌食にすぎない。彼らを守るものは離れ去り、主が我々と共におられる。彼らを恐れてはならない』」。これが主のご計画を信じていたヨシュアとカレブの報告でした。

神は民数記14章24節で、「しかし、わたしの僕カレブは、別の思いを持ち、わたしに従い通したので、わたしは彼が見て来た土地に連れて行く。彼の子孫はそれを継ぐ」とおっしゃいました。彼には勇敢な信仰があり神を信頼していました。これはまさに私たちに必要な心ではないでしょうか。信仰が揺らぐ人は、信仰が無いわけではなく、物事がうまく行っている時は神を信じているが、むずかしい困難が立ちはだかると揺らいでしまうのです。カレブが勇敢で神に従い通したので神は「約束の地をあなたに与える」と言われたのです。

カレブの忠実さから三つの要素を学びます。まず忠実さは、神様の約束を固く信じる信仰を土台としていることです。ヨシュア記14章12節でカレブが「どうか主があの時約束してくださったこの山地をわたしにください」と願ったのは、45年前に約束されたものを受け取ろうとしているからです。傲慢さのゆえではありません。45年間カレブは神の約束を信じていただけではなく、信仰に基づいて行動していました。神の言葉を信頼するとき、私たちは忠実であるのです。カレブは45歳の時に神の言葉、約束の地への導きを信じ、85歳になってもその約束を信じ続けていたのです。私たちは生涯を通して様々な困難に遭います。私たちが思い描く計画と現実が異なる時、不安になるでしょう。

皆さん、イスラエルの民が40年間荒野をさまよった時、カレブもその中にいて他の人々の不信仰故に苦しまなければならなかったのです。しかし彼は神の約束を握りしめ続けたので、約束の地へ入ることを許されました。そこでようやく、カレブは約束の山地を要求することができたのです。忠実さは、神の約束に立ち続けるときに表されます。私たちの救いの根拠は神の約束に基づいています。ですから私たちはその約束を信じて歩んでいくべきなのです。

忠実さの第二の要素は、神の目的に忠誠を尽くすことです。カレブは神の約束を信じ、同時に神の御心を行うことを望みました。45年前も神の御心はイスラエルの民が約束の地に入ることでした。それは特別な目的でした。カレブは45年間神に従い続け、神の目的を成し遂げたいと願っているのです。ヨシュア記14章12節に、「そこにはアナク人がおり、城壁のある大きな町々がありますが、主がわたしと共にいてくださるなら、約束どおり、彼らを追い払えます」とあります。カレブは約束の山地を願っただけでなく、敵を追い払う覚悟がありました。そして15章14節に、カレブがそれを実行したことが書かれています。カレブは神の目的を遂行することに忠実でした。

私たちはどうでしょうか。神は、私たちの心を神に捧げることを望んでおられます。またヘブライ人への手紙に書かれているように、信仰の競争の邪魔になる罪を捨てることです。議論の余地はありません。聖霊の助けにより、聖さを追い求めていくことを神は願っています。私たちは毎日「私をさらにイエス様に似る者としてください」と祈るべきです。神の恵みを追い求めてください。子どもをお持ちなら、親として忠実な模範として生きる責任があります。子どもたちに神の言葉を教え祈っていく責任です。「カレブは偉大であった」と言うだけでなく、どうしたらもっと誠実であるか、自分の生活や結婚生活、親として、地域や隣人、職場において、何を変えないといけないのか、考えるべきなのです。私たちにとって究極の模範は主イエスです。イエスはあらゆる誘惑に遭いましたが、罪を犯されませんでした。イエスも走るべき競争を誠実に走り抜かれたのです。このイエスに私たちは倣うべきです。

ある時、優秀なドライバーがレースでコースを200周走らないといけなかったそうです。ところが、199周目でガス欠になり結果は敗北でした。これは、終わりまで忠実であることの大切さを教えているのではないでしょうか。私の父スティーブン・オルフォードが86歳で召された時、ある方が父の記念礼拝で証をしました。「彼は人生の競争を走り終える瞬間までフルスピードで、ゴールのテープを切った」と。その通りだと思います。父は生涯の最後まで主に忠実に仕えたいと願っていたのですから。

さて、忠実さの第三の要素は、主の臨在に頼ることです。カレブは荒れ野を彷徨った時、「主の力なしには生きることも勝利することもできない」と言い、主の臨在に頼りました。真の忠実さは、主に頼り頼むことなしには成しえないのです。失敗したとしても、その度に主の赦しと聖めを祈り求め、主の臨在の中で前進するのです。エフェソの信徒への手紙6章に「神の武具を身に着けなさい」とあります。また、「主の偉大な力によって強くなりなさい」ともあります。これが、敵の攻撃に対抗して主に忠実に生きるための秘訣なのです。

テモテへの手紙二でパウロは、信仰の子であるテモテにこう言います。「キリスト・イエスにおける恵みによって強くなりなさい」と。4章16～18節で、パウロは自分の生涯を振り返り、こう述べています。「わたしの最初の弁明のときには、だれも助けてくれず、皆わたしを見捨てました。彼らにその責めが負わされませんように。しかし、わたしを通して福音があまねく宣べ伝えられ、すべての民族がそれを聞くようになるために、主はわたしのそばにいて、力づけてくださいました。そして、わたしはライオンの口から救われました。主はわたしをすべての悪い業から助け出し、天にある御自分の国へ救い入れてくださいます。主に栄光が世々限りなくありますように、アーメン」。パウロは高官の前で自らのことを弁明しなければならなかった時、誰も助けてくれず、完全に独りぼっちでした。しかし彼は勝利の宣言をするのです、「主が私と共におられ、私を力づけてくださった」と。

さて、最後に申し上げたいことは、「忠実な人生には神の大きな祝福がある」ということです。ヨシュア記14章13節に、「ヨシュアはエフネの子カレブを祝福し、ヘブロンを嗣業の土地として彼に与えた」とあります。ヨシュアはカレブを祝福し、約束の土地を彼に与えました。次の章で、カレブもまた娘に祝福を受け渡す者となるのです。カレブはその忠実さゆえに神に祝福され、約束の土地を与えられました。

エフェソ人の信徒への手紙1章3節に、「神は、わたしたちをキリストにおいて、天のあらゆる霊的な祝福で満たしてくださいました」とあります。あらゆる祝福とは聖霊であったり、主の導きであったり、良い羊飼いとしての守りであったり、主との交わりであったりします。神はあなたの忠実さに必ず報いて祝福してくださいます。

一人の女性が石膏の壺を砕き、イエスに香油を注いだ時、イエスはおっしゃいました。「世界中どこでも、福音が宣べ伝えられる所では、この人のしたことも記念として語り伝えられるだろう」（マルコによる福音書14章9節）と。ヘブライ人への手紙6章10節には、「神は不義な方ではないので、あなたの働きや、あなたがたが聖なる者たちに以前も今も仕えることによって、神の名のために示したあの愛をお忘れになるようなことはありません」とあります。

時々、「神様は私の忠実さに気づいていない」と不安に思うことがあるかもしれません。しかし神はご存じです。たとえ他の人から称賛を受けなくても、あなたがどれほど神を愛して忠実に仕えているかをご存じです。究極的な祝福は、天の御国にあげられることです。パウロには敗北という概念がないのかもしれません。彼は「生きることはキリストだ、死ぬことは益だ。たとえ信仰ゆえに殺されたとしても、私は主と共に生きるんだ」と言っています。パウロを負かすことなんてできなさそうです。主と共にいる、というのはすばらしいことです。

私たちの生涯にも神は多くの祝福を備えてくださっています。それはそれぞれの人に違った方法で与えられるでしょう。私たちが忠実に歩み、神の御心の真ん中にいることによって、あらゆる恵みと祝福が私たちに注がれていきます。カレブは神が約束した嗣業の地に入って行きました。その当時の大方の人たちが神から背を向ける中でヨシュアとカレブは神に忠実に生きました。それは決して簡単ではありません。しかし、私たちは神の前にもう一度自らをささげる決断をしたいと思います。それは日々成すべき決断でもあります。

「主の慈しみは決して絶えない。主の憐れみは決して尽きない。それは朝ごとに新たになる」（哀歌3章22〜23節a）。私たちに必要なすべてのことは主が備えてくださいます。主は真実な方だからです。イエスは私たちの救いのために必要なご自身の業を成し終えてくださいました。私たちが真実に生きるようにイエスが招いています。どうぞ御自分の人生を振り返ってみてください。もう一度神の前に忠実に生きるという決断を新たにしてください。皆さんの個人的な歩み、結婚生活、教会生活、他の様々な活動、お仕事、対人関係、様々な分野において神の前に誠実に生き、神の御旨を全うしていくことができますように。私たちはそのことを自分ですることはできません。だから私たちは共にいてくださる主の御臨在にすがるのです。

（文責　錦織博義）

〈ユース・コンベンション〉

神の言葉を握って

ヨシュア記1章1～9節

川口竜太郎

イスラエルの民を導いたモーセとヨシュアから学ぶ

ヨシュアは若い頃から多くのことをモーセの姿から学びました。モーセとヨシュアの共通点は、彼ら自身が神のことばに従い神に導かれていたということです。彼ら自身が主に導かれることを通してイスラエルの民を導くことができたのです。

「わたしのしもべモーセは死んだ。今、あなたとこのすべての民は立って、このヨルダン川を渡り、わたしがイスラエルの人々に与えようとしている地に行け」（ヨシュア記1章2節）。

再び立ち上がり進め――立ちはだかる困難――

「立って、渡って、行け」。この命令は大きなチャレンジで、40年前に民が逆らったことで保留になっていた約束の地への計画が再スタートしたのです。イスラエルの民は民数記1章46節を見ると20歳以上の男子、六十万三千五百五十人で、「全体数は約２００万人」ほどだったと言われています。立ち上がらせるだけでも非常に困難だと言えます。それに加えて、時期も悪くヨルダン川を渡る必要があり、この時は刈り入れ時で川には水があふれていたのです。その上、非常に頑固で文句が多い民でした。しかし、ヨシュアは3日の後にイスラエルの民を出発させているのです。これは大きな決断で、主のことばに信頼していなければできなかったことでしょう。

モーセの神に頼る姿を見ている

「モーセにさえ従わなかった民」でしたので、彼らを導くことは非常に困難であることを、ヨシュアも知っていたと言えます。なぜなら、イスラエルの民はモーセの手に負えないことがしばしばあったからです。

モーセは度々神に助けを求めていることがわかります。「民はモーセと争い、『われわれに飲む水を与えよ』と言った。モーセは彼らに『あなたがたはなぜ私と争うのか。なぜ主を試みるのか』と言った。民はそこで水に渇いた。それで民はモーセに不平を言った。『いったい、なぜ私たちをエジプトから連れ上ったのか。私や子どもたちや家畜を、渇きで死なせるためか。』そこで、モーセは主に叫んで言った。『私はこの民をどうすればよいのでしょう。今にも、彼らは私を石で打ち殺そうとしています』」(出エジプト記17章2~4節)。

イスラエルの民はモーセさえも殺そうとしました。モーセは「どうすればよいかわからない、助けてください」と神に叫びました。私たちも困難に直面するときに叫びが必要です。私たちも全てのことができなくてよいのです。スーパー・クリスチャンになる必要はありません。しかし、すべてのことにおいて主に頼ることが必要なのです。

祈り神に頼るモーセの姿から学んでいる

モーセの祈りの姿から、「祈りによって神が動かれることを知っていた」のです。そして、祈りによって勝利が与えられたことも、彼らは目撃していました。

「モーセはヨシュアに言った。『男たちを選び、出て行ってアマレクと戦いなさい。私は明日、神の杖を手に持って、丘の頂に立ちます。』ヨシュアはモーセが言ったとおりにして、アマレクと戦った。モーセとアロンとフルは丘の頂に登った。モーセが手を高く上げているときは、イスラエルが優勢になり、手を下ろすとアマレクが優勢になった。モーセの手が重くなると、彼らは石を取り、それをモーセの足もとに置いた。モーセはその上に腰掛け、アロンとフルは、一人はこちらから、一人はあちらから、モーセの手を支えた。それで彼の両手は日が沈むまで、しっかり上げられていた。ヨシュアは、アマレクとその民を剣の刃で討ち破った」（出エジプト記17章9～13節）。

私たちが祈る時に神が働かれる

語られた神の言葉に祈りを持って歩むことが大切です。私たちは祈りの力をもっと知るべきだと思います。

祈りという行為は不思議です。なぜなら主は私たちの必要を「私たちが口に出して祈る前からすべてご存知」（マタイによる福音書6章8節）だからです。それなのに、なぜ祈るかというと、それは、私たちが「誰に頼っているのかが明確にされる」ためなのです。祈る時に私たちの心が露わにされます。

本当は何に頼っていたのかがわかるのです。

時として、祈っていてもすぐに上手くいかないことがあるかも知れません。しかし、「主が最善をなしてくださる」と信じ続けることが必要なのです。そして、困難の中でもみことばに信頼するときに「信仰の目に見えない影響」が周りの人に及ぶのです。また、すぐに祈りが答えられない期間こそ、私たちが変えられていく時でもあります。

「それだけではなく、苦難さえも喜んでいます。それは、苦難が忍耐を生み出し、忍耐が練られた品性を生み出し、練られた品性が希望を生み出すと、私たちは知っているからです。この希望は失望に終わることがありません」（ローマ人への手紙5章3～5節）。

「信仰がなくては、神に喜ばれることはできません」（ヘブル人への手紙11章6節）。私たちの信仰を神は喜んでくださいます。そして、その信仰を通してお働きになるのです。たとえ小さな信仰であっても偉大な神が、その信仰を用いてみわざを行われます。「神を求める者には大きな祝福の用意がある」（ヘブル人への手紙11章6節）ことを覚えたいと思います。

能力ではなく信仰

何か特別な能力がヨシュアにあったわけではありませんでした。しかし、彼には「神を信じ困難に立ち向かう信仰」がありました。約束の地に12人の斥候が送られましたが（民数記13章30〜33節）、そのうち10人がその地を攻略することに反対しました。しかし、ヨシュアとカレブは「神に信頼し、戦うと」言いました。

他の民は、自分達にできる力があるかないか考えたのですが、ヨシュアとカレブは自分たちに可能かどうかではなく、神の約束だから「主の御心にかなえばできる」（民数記14章8節）と信じていたのです。戦いを避けたことにより、イスラエルの民は40年間荒野をさまようことになりましたが、45年後ヘブロンの割り当て地に入るときに85歳になったカレブは同じことを言っています。「モーセが私を遣わした日のように、今も壮健です。私の今は、あの時の力と同様、戦争にも、また日常の出入りにも耐えるのです」（ヨシュア記14章11節）。

主が新しい指導者ヨシュアに語られた言葉、みことばの約束

「あなたがたが足の裏で踏む所はことごとく、わたしがモーセに約束したとおり、あなたがたに与えている」（ヨシュア記1章3節）。ヨシュアが「約束の地を占領していない段階」で、主が約束の地を与えていると言うのです。「神がモーセに伝えた時から約束は完了」しているのです。

「あなたの一生の間、だれひとりとしてあなたの前に立ちはだかる者はいない。わたしは、モーセとともにいたように、あなたとともにいよう。わたしはあなたを見放さず、あなたを見捨てない」。

（ヨシュア記1章5節）

実際、彼がリーダーになってから、民を導き、約束の地を攻略しなければなりませんでした。困難があり、試練があり、葛藤もあったことでしょう。覚えておきたいことは神の命令を受けたら、それで安泰ではありません。何の困難も無い状況はありえません。「困難のなかでも主とともに生きることが祝福」なのです。

困難は必ずあり、そのたびに、その都度その都度、神に頼る必要があるのです。時として絶望と思われることがありますが、主の救いは「絶望の後から始まる」ことがあります。みなさんも知っているように、現実は甘くないでしょう。真っ暗闇の中を、ただひたすら信じるしかない時もあるのです。

しかし、ただ信じて一歩踏み出せば、神が導いていることがわかるのです。

「ただ強く、雄々しくあって、わたしのしもベモーセがあなたに命じたすべての律法を守り行なえ。これを離れて右にも左にもそれてはならない」(ヨシュア記1章7節)。

ヨシュアは具体的なカナン攻略の指示が欲しかったと思います。しかし、神はカナンの攻略を命じたり、攻略法をここで語るのではなく、まず「雄々しくあれ」と語られました。本当に第一にすべき、主に信頼する(みことばに生きる)ことを守り、行いなさいと語っているのです。

「この律法の書を、あなたの口から離さず、昼も夜もそれを口ずさまなければならない。そのうちにしるされているすべてのことを守り行なうためである。そうすれば、あなたのすることで繁栄し、また栄えることができるからである」(ヨシュア記1章8節)。み言葉に、信頼と確信を置き続けることが大切です。私たちは与えられたみ言葉に対して、行動しているでしょうか、信仰に立って、み言葉に歩んでいるでしょうか。与えられた、すでに与えられているみ言葉を大切にする。現状や心境に心奪われるのではなく「神のことばに囚われる」ものでありたいと思います。

晩年ヨシュアはこう語っている

「今、あなたがたは主を恐れ、誠実と真実をもって主に仕え、あなたがたの先祖たちが、あの大河の向こうやエジプトで仕えた神々を取り除き、主に仕えなさい。主に仕えることが不満なら、あの大河の向こうにいた、あなたがたの先祖が仕えた神々でも、今あなたがたが住んでいる地のアモリ人の神々でも、あなたがたが仕えようと思うものを、今日選ぶがよい。ただし、私と私の家は主に仕える」（ヨシュア記24章14〜15節）。

誠実と真実を持って主に仕えなさい。ヨシュアはこのように語っていますが、なぜ、晩年ヨシュアがこう語ることができたのでしょうか。

「見よ。今日、私は地のすべての人が行く道を行こうとしている。あなたがたは心を尽くし、いのちを尽くして、知りなさい。あなたがたの神、主があなたがたについて約束されたすべての良いことは、一つもたがわなかったことを。それらはみな、あなたがたのために実現し、一つもたがわなかった」（ヨシュア記23章14節）。

それはなによりも「主ご自身が、ヨシュアに『みことばに忠実』に仕えてくださった」から言えたのです。私たちは神に仕える存在ですが、「神もまた私たちを支え仕えてくださる方」なのです。

「あなたがたは一人で千人を追うことができる。あなたがたの神、主ご自身が、あなたがたに約束したとおり、あなたがたのために戦われるからである」（ヨシュア記23章10節）。

私たちが誠実と真実を持って、み言葉に・主とともに生きる時に、私たちは主の誠実さをさらに見るでしょう。

「わたしはあなたに命じたではないか。強くあれ。雄々しくあれ。恐れてはならない。おののいてはならない。あなたの神、主が、あなたの行く所どこにでも、あなたとともにあるからである」。

（ヨシュア記1章9節）

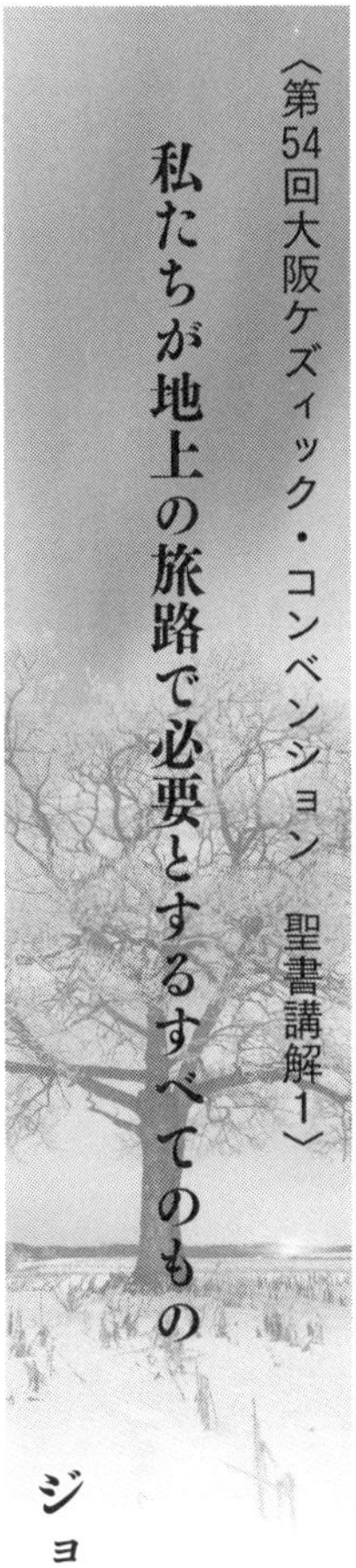

〈第54回大阪ケズィック・コンベンション　聖書講解1〉

私たちが地上の旅路で必要とするすべてのもの

ジョナサン・ラム

ヨシュア記　1章1〜11節

今回も私たちをご歓待くださりありがとうございます。妻と一緒に来られたことも感謝しています。英国の私の家族と教会、また英国ケズィックからも皆様方に心からのご挨拶をお伝えします。世界各地のケズィックからのご挨拶もお伝えします。つい数日前にケズィックが終わったインドのカルタッタの方々は日本の皆さんのために祈ってくださっています。マレーシアのクアラルンプールのケズィックからのご挨拶もお伝えします。ケズィックを通して、神の家族は今も世界中に広がっています。

今朝の説教はヨシュア記1章からです。今回、私が講解説教させていただくのは最初と最後の二回ですが、どちらもヨシュア記からお話しするように導かれました。ヨシュアという名前は「ヤハウェは救い主」、「主は救いたもう」という意味です。新約聖書に照らし合わせると、ヨシュア記の主人公は主イエスご自身です。私たちの救い主は、私たちを滅びから救い出されるだけでなく、神が約束してくださる御国へ連れて行ってくださる方だからです。ヨシュア記は、神は約束してくださるだけでなく、その約束を忠実にお守りくださる真実な方だと教えてくれます。大会最後のメッセージはヨシュア記10章から、実に劇的な神の出来事を学ばせていただきます。今朝はその導入のような学びで「私たちが地上の旅路で必要とするすべてのもの」という題をつけました。

この大阪を皮切りに、これから私と妻は日本各地を旅してゆきます。長い旅になるので、間違いのないよう出発前に準備してきました。私はいつも、必要な物を忘れないようにリストを作ります。まず、パスポートがあるか。いつも持ち歩くノートパソコンの動作も確認します。電源プラグの形状は国によって違いますから、行く先の国で使えるものか。妻や家族の写真を持っているか……。そのように、私たちは旅の前に必要な物を一つひとつ点検します。

今日学びますヨシュア記1章では、神に選ばれた民が、約束された国を目指して驚くべき旅に出発しようとしています。御国を目指して旅を進めてゆく私たちに必要なものとは何でしょうか。これだけは忘れてはならない四つの大切なことを学んでゆきましょう。

1　神の数々の約束を信頼する

この時、神の民は危機的で重大な転換期にありました。まだ約束の国に入っていないのに、彼らはカリスマ的な指導者モーセを失ったのです。しかし、神の約束は永遠に生き続けています。「今、あなたとこの民はみな、立ってこのヨルダン川を渡り、わたしがイスラエルの子らに与えようとしている地に行け」(2節)。これは非常に重要な意味を持つみことばです。ヨシュアは神に選ばれた指導者ですから、神の約束一つひとつに信頼してゆかなければなりません。神が「与えようとしている」と言われたら、それは「すでに与えてくださった」ものです。神の御心の中では、神の約束はすでに現実のことだからです。信仰者は、神からすでに与えられている確かな約束を土台にして進んで行かなければなりません。神の約束は最善の約束です。「あなたはわたしが父祖たちに与えると誓った地を、この民に受け継がせなければならないからだ」(6節)。「誓い」は「約束」よりもっと強い意味で、神がその約束を必ず守ってくださるという「保証」です。

最近のデンマーク国政選挙で、あるコメディアンが立候補しました。彼の公約は、自転車に乗る人のために良い風が吹くようにします、長い列を並ばなくても買い物できるようにします、クリスマスにはすばらしいプレゼントをお渡しします、というものでした。その彼が、二万四千票を獲得して国会議員に選ばれ、皆が驚きました。彼は言いました。「私が当選した理由は、私の約束が既成政党の公約と同じくらい信用されたからでしょう」。人の約束は疑わしいものです。しかし神の約束の一つひとつは、どれを取っても確実に信用できるのです。

ヨシュア記1章は神の確実な約束から始まり、ヨシュア記の終わりにはその約束が再確認されています。神の約束は一つも欠けることなく、すべてが成就されました。神は今この時代にあっても、ひとり子イエス・キリストを通して、約束を一つひとつ実現し続けてくださっています。私たちが地上の旅路でさまざまな苦難を体験していても、神の約束は間違いなくその通りになる、と確信を持てるのです。「もし私たちが自分の罪を告白するなら……その罪を赦し……きよめてくださいます」(ヨハネの手紙第一1章9節)も、「(何物も)キリスト・イエスにある神の愛から、私たちを引き離すことはできません」(ローマ人への手紙8章39節)との言葉も、神が言われるのですからその通りなのです。神は常に本当のことを言われます。御国に向かっての旅で必要なもの、それは第一に、神の数々の約束に信頼することです。

2 神のご臨在を体験する

6節、7節、9節で神は合計八回も繰り返して「強くあれ。雄々しくあれ」と言われています。ヨシュアにはこの励ましが必要でした。今まで彼はモーセの決断に従うだけでよかったのですが、大変な責任を担わされたこの時からは、自分で決断しなければならないのです。皆さん、ご自分をヨシュアの立場に置いてみてください。何十万もの人々、その中には子どももいます。家財を担わせているたくさんの家畜もいます。洪水の季節、目の前で荒れ狂うヨルダンの大河を彼らに渡らせ、さらにその先の土地を占領しなければならないのです。神がヨシュアを励まされた理由が分かりますね。彼を励まされた神は、同様に私たちも励ましてくださいます。

私たちも信仰者としての歩みの中で困難に直面します。クリスチャンが少なく、キリスト教に対して好意を持っていないこの国で、私たちはどのようにイエスを証ししてゆけるのでしょうか。神の救いを人々に届ける大切な働きに、神はどのような人を用いられるのでしょうか。

モーセは神から召命を受けて「私は口下手で、とてもできません」と言いました。エレミヤも「あなたが私を選ばれたのは間違いではないですか。私は若すぎます」と言いました。ペテロはイエスに「主よ、私から離れてください。私は罪深い人間ですから」と言いました。神に用いられた多くの働き人たちは、人間的には弱い人たちだったのです。でも同時に、神の強い約束が与えられていました。「あなたの一生の間……わたしは……あなたとともにいる。わたしはあなたを見放さず、あなたを見捨てない」（5節）。私たちがその約束を信じるなら、神は支えてくださいます。かつていろいろな言い訳をして神の召命を断ろうとしたモーセに、神は「わたしが、あなたとともにいる」（出エジプト記3章12節）と約束されました。それとまったく同じ約束がヨシュアに与えられたのです。イエス・キリストは弟子たちに「わたしは世の終わりまで、いつもあなたがたとともにいます」（マタイの福音書28章20節）と言われました。パウロにも「わたしがあなたとともにいる」（使徒の働き18章10節）と言われました。

神はこれらのおことばをもって弱い私たちを励まし、今も天の御国への旅に進ませてくださっています。

「強くあれ。雄々しくあれ」。これは、神が私たちと共におられる確かな事実の上に成り立っています。皆さん、これらの尊い恵みの事実を、頭で考えるだけでなく心にしっかり刻み付けられたでしょうか。創造主なる神、歴史の主である神、贖い主である神が「わたしはあなたとともにいる」と約束してくださっているのです。

3　神のみことばに従う

7～9節を見てみましょう。「このみおしえの書をあなたの口から離さず、昼も夜もそれを口ずさめ」（8節）。これは、「神のみことばをあなたの口で食べてよく噛みなさい、それをよく味わいなさい」という意味で、ただ聞くだけではなく、みことばの中に自分を埋没させ漬け込む、ということです。「だれ一人としてあなたの前に立ちはだかる者はいない」（5節）との神の約束が実現される条件は、神のみことばに従順に従うことです。神のみことばを味わい思い巡らすなら、みことばは私たちのからだの、思いの、すべての一部になります。

つい最近、ジンバブエでお会いした聖書協会の主事は、ある人に新約聖書を贈呈したそうです。その人はキリスト教に反感を持っていたので、最初は強く断りました。でも、あまりしつこく言われるので彼はこう言いました。「ではもらいましょう。でも、私はこれを破いて巻きたばこの紙に使いますよ」。主事は言いました。「結構です。でも一つお願いがあります。破る前に必ずそのページを読んでください」。数年後、主事はこの人と再会しました。彼はマタイの福音書を全部読んで、その紙でたばこを作って吸いました。マルコも、ルカも同じようにした、と言いました。その後、彼はこう続けました。「ヨハネ3章16節まで来た時、私はもはや聖書を破れなかった。私はそこで主イエス・キリストにお会いしたのです」。たばこ中毒だった人が、神のみことばによって全く新しい人に造り変えられたのです。

みことばを反芻するなら、私たちの思いや心はすべて変えられ、みことばによって私たちの決心、生活のすべてが形作られてゆきます。マルチン・ルターは「そうです、みことばは私のためです、と素直に従うことこそ信仰です」と言いました。みことばを読み、思い巡らし、私のためだと確信して素直に従う「そのとき、あなたは栄える」(8節)と神は約束されています。

4　神の民が一つに結ばれる

皆さん、今朝の聖書箇所を読まれて「みな」という言葉に気づかれましたか。例えば、2節では「この民はみな……わたしが……与えようとしている地に行け」と言われています。神の民全員がこの大切な旅に参加しなければならない、と神は言われるのです。12節以降で、ヨシュアはルベン、ガド、マナセの半部族もこの旅に参加するよう呼びかけています。これらの部族はかつてモーセに訴えてヨルダン川の東側に土地を求めました。その一つの理由は、先に土地を得たら川を渡って戦う必要がなくなると考えたからです。しかしヨシュアは、彼らも神の民全員の働きに加わることが大切だと考えました。そこでヨシュアは「あなたがたの兄弟たちより先に渡って行って、彼らを助けなければならない」（14節）と命じ、彼らは「あなたが私たちに命じたことは、何でも行います。あなたが遣わすところには、どこでも参ります」（16節）と同意し、イスラエルの民は皆が心を一つにして約束の地への旅に出発しました。

このことは、今を生きる私たちにも非常に大切なことです。世界中でクリスチャンの中に見解の相違や意見の対立があり、一つになれないことを散見します。ですから、ケズィック・コンベンションはガラテヤ人への手紙3章28節のみことば、「みな、キリスト・イエスにあって一つ」を掲げています。参加される方々の教団教派、文化背景や民族は違います。けれども私たちは、ただ一人の神を天の父と礼拝し、唯一の救い主イエス・キリストによって贖われ、聖霊なる神が内住してくださる同じ神の民なのです。「御霊による一致を熱心に保ちなさい」（エペソ人への手紙4章3節）。私たち神の民が一つになるように、と神は召してくださっているのです。これは御国への旅を続けるために本当に大切な真理です。私たちはお互いを必要としています。福音を伝える神の働きを助け合うこと、心を一つにして祈ること、御霊による一致を築き上げてゆくことは非常に大切です。パウロはピリピのクリスチャンが「福音の信仰のために心を一つにしてともに戦って」（ピリピ人への手紙1章27節）いることを喜びました。

私たちは、イエス・キリストに従って歩む御国への旅に必要とする事柄を学んできました。四つの大切な点の一つひとつが、もっとしっかり主イエスに頼って行きなさいと勧めています。約束を間違いなくお守りくださる神に信頼しましょう。神が共にいてくださることを信じましょう。神の力あるみことばに従いましょう。そして、神はイエス・キリストを通して神の民を一致させてくださることを信じましょう。約束の御国に私たちが導かれるまで、神の約束を信じ、一つとなって信仰の旅を歩ませていただきましょう。

（文責　三ツ橋信昌）

〈第53回北海道ケズィック・コンベンション〉

神の摂理との苦闘

ジョナサン・ラム

ルツ記1章

ルツ記は美しい物語であり、同時に神が実際に私たちの人生に働いておられるということを教える物語です。

神の御心が、ごく普通の二人の女性の生活の中で実現していったことを見ていきましょう。これは、神が私たちを贖い出してくださった物語です。この神の愛がただ単にナオミとルツに現されただけでなく、もっと大きく、イエスを通して、贖いの計画を現す物語なのです。

クリスチャンであっても、自分の生活の中で起きていることに対して、御心がわからなくなることがあると思います。時には自分の生活を見て本当に神がこの世界を支配しているのだろうかと考えたことはありませんか。このルツ記もそのようなことを思わせるスタートがあります。

1　度重なった災い

ユダの地は乳と蜜の流れる豊かな地であったはずが、飢饉を迎えました（1節）。ここに度重なる災いがあります。

ルツ記というのは、士師記の次に置かれています。前の士師記の最後にはその頃の状況が記されています。つまり、その当時イスラエルには王がなく、自分に正しいことを行っていたのです。ユダの地の飢饉の理由はここにあり、神の裁きによる飢饉がおこったのではないかと思います。

ベツレヘムからモアブに移った家族のことが記されているでしょう（1節）。彼らは飢饉により食料のない恐怖を味わっています。エリメレクは家族に食べ物を与え、家族を守るために住み慣れたところを離れてモアブへと行く決心しました。世界中で飢饉が起こっています。人々は絶望の中で別の国へ行こうとします。ここで自分の国を離れることは、異邦人の国に入るのですから危険を伴っていたと思われます。自分の住み慣れたところを離れて、難民として生きていかなければならないのです。

次の悲劇は家族が次々と死んでいくことです（3節）。ナオミの夫エリメレクが死に、ナオミは未亡人となり、二人の息子が残され、やがて結婚した息子たちも死んでしまいました。ナオミは夫と息子に先立たれ、ひとり残されたのです（5節）。

なぜこのような悲劇が彼女に起こったのかわかりません。彼女が、どんな気持ちでいたか想像できるでしょうか。外国のモアブでの難民生活です。夫のみならず、成人の息子たちも死んだのです。旧約聖書では未亡人はみなしご、または異邦人とおなじカテゴリーに入れられていました。自分の身を守るものを失い、自分を助けてくれるものがないのです。また将来の希望もありません。つまりすべてものを失い、何もなくなってしまった状況になりました。ですから、彼女が神に対してどうしてと思うのは、ある意味、当然ではないでしょうか。

人生の中で、頭を抱え込んでしまう状況です。涙のあふれる日々、神への疑い、なぜという気持ち、皆さんもナオミと似たような経験がおありかもしれません。

2　正直な信仰

そういう中にあって、彼女が持っていたのが正直な信仰です（6〜9節）。

クリスチャンは「神はこの世にあって確かに働いておられる」と確信しています。私たちの生活の中に、神の御心が働いているということです。

しかし神は確かに働いているのだけれど、私たちの側ではっきり見ることができないということもあります。この状況を見ると、先がわからないけれど、ナオミとルツの物語の中で紆余曲折ありながらも神の働きを見ることができます。大きな悲劇を経験している真っただ中で、神を信頼しなさいと言っても簡単ではないでしょう。ナオミ自身も神の御心が何か葛藤しています。しかしながら、そういう困難にもナオミの信仰が流れています。

主がご自分の民を顧みたこと（6節）を聞いたナオミは、モアブの野を去って、自分の故郷に帰ることを決めました。なぜなら自分の祖国ベツレヘムで神が働いていることを知ったからです。そして、その働きに応じて自分も行動しようと考えているのです。

この神の働きが何度もルツ記に出ているわけではありませんし、言葉として記されてはいないかもしれませんが、見えないところで背後に神が働いていることに気づきます。

今回のバイブルリーディングでは、ルツ記全体を通して、「行間を読む」ことにしています。なお、2章で明らかになっていきますが、表面でなく陰にある事柄、ルツ記を書きながら、著者は背後で神が働いていることを知っているでしょう。

祖国における神の働きのたよりに応じて、ナオミは二人の嫁たちを連れてモアブを旅立ちます。その途上において、神を信頼する信仰を見せています。大きな悲劇を経験しながら、それでもなお神を信頼しているのです。そのことがナオミと二人の嫁たちとの会話に見られます（8〜9節）。ナオミは二人の嫁たちに対して、嫁たち自身の故郷であるモアブに帰るように伝え、そしてさらに彼女たちの将来の祝福を祈っています。ナオミ自身が大変な状況にもかかわらず、二人の嫁たちを神の手に委ねれば、彼女たちが幸せになることを確信していたのだと思います。

ナオミがそのように言ったことに対して、嫁たちがどのように返答しているのかを見ることができます（10節）。二人の嫁たちはナオミと共に行動して、姑を助けたい気持ちを持っていました。しかし、ナオミはそれを受け取ろうとはしませんでした。自分についてきても意味がないことを諭しています（13節）。そして、ナオミは神の前にそのまま正直に伝えにいくのです。神を忘れているのではありません。かえって五回も神の名を呼んで、自分に起こった悲劇に神の御手が下っている、神の手からくるものと認めているのです。彼女の世界は崩れてしまったけれども、それは神が自分になさったことであると認めているのです。彼女はベツレヘムに戻っても同じように話しています（19〜21節）。

それをどのように理解したらよいでしょうか。

① 現実

こういう悲劇は、起こり得ることと知り、認めていくことです。私たちもいつかナオミと似た悲劇を経験することがあるでしょう。家族、仕事、環境の中で、私たちもナオミと同じように、「どうして」と、神の摂理に対して葛藤することがあると思います。聖書のほかの箇所でもそのような記事がいくつもあります。

ヨブの苦しみ、詩編の記者の訴え、エレミヤなど預言者たちの苦労。新約ではパウロ、そして何より主イエスの十字架の苦難がそれにあたります。まさに信仰があっても揺り動かされる経験をする時と言えるでしょう。そのような現実を経験しているのです。

② 正直

単に怒っていることということではなりません。自分の思っていることを正直に、信頼している神に対して語っているのです。

ナオミは、ベツレヘムに戻りましたが、それがナオミであることがわからないほど、苦しみの影響を受けていました（21節）。もうナオミと呼ばないでください、と語っています。なぜならナオミとは美しい、快いという意味合いを持ちますが、もうそんな気持ちではなく、もうナオミと呼ばないで欲しいとさえ語っていました。ナオミは、現実はマラ（苦々しい）であることから、周囲へそのように呼んで欲しいと話していました。また、それは主が悩ませた・不幸に落とされたという意味もありました。

私たちもこの世の中を見ると生活の中に、口から悲しみの訴えがでることがないでしょうか。ナオミが正直に生きていることを見習うことができます。

また、エレミヤなども、悲しみや苦しみを経験してもふたをして隠すのではなく、吐き出すようにと語ります。

③ 確かなこと

クリスチャンは善と悪の世界で振り子のような生き方をするのではありません。聖書的には、神が常に働いているのです。神の主権がどこであっても及んでいます。サタン自身も神の主権のもとでしか動けないのです。ヨブ記に顕著に表れているでしょう。

ルツ記1章20～21節には、神の名が二回出ています。20節は全能者、21節は全能の力・働きという名です。全能という言葉だけしか持っていない神であれば、どこか遠いところから働きかける神という理解しか持てません。もしそうであれば全能の神はナオミという小さな存在に目を止めるでしょうか。ナオミが呼んだ「主」という神は、契約の神です。すべてが約束の中にあり、わたしたちは神に属する民であり、決して見放されたり手放されたりすることがないという確信をもってその名を使っています。

自分が神のものなのだという確信は、人生の中の最も暗闇のなかでも、恵みは働いているという確信を持つことでもあるのです。

3 徹底した献身

14節から18節は、ベツレヘムに帰るナオミとルツの物語です。ルツがどんな決断をしたことかを理解することが大切です。この瞬間の二人は、大きな人生の転換ポイントを迎えています。それだけでなく、ユダという国にとっても大きな転換期であったのです。そして、それは後々理解することですが、実は、主イエスを通しての神の救いの大きな計画は、ルツの決断にかかっていたということでもあるのです。

若い未亡人に過ぎない、異邦人のルツの言葉が記されています（16節）。ルツ自身もすべてを失っています。さらに、ナオミから自分の故郷へ帰還することを勧められている中での返答です。ルツ自身の、神に対する信仰告白ともいうことができるでしょう。どうしてこの言葉がこんなに重要なのでしょう。

この先に希望がないかのような将来を想像する中での言葉だからです。客観的に見ると、神の裁きのただ中にいるようなナオミと共にいることをどうして望んだのでしょうか。まずルツはすべてを全能の神に明け渡し、そのゆえにナオミのために自分の人生をささげようとしているのです。ルツが神に対して、自分自身を明け渡している姿と共に、ルツの信仰の深まりを見られるでしょう。

イエスもまた、父なる神に対してすべてを明け渡して、私たちのためにすべてのものを与えてくださいました。ルツの転換期は、ナオミに起こった悲劇を見て、自分も同じ悲劇を味わいながらもベツレヘムに行く途上に、自分のすべてを明け渡すという経験があったのです。

4　希望の兆し

1章は苦難で始まり、22節に至って希望の兆しで終わります。

二人がベツレヘムに到着した時期は大麦の収穫が始まる時でした（22節）。ここに希望の兆しがあります。

ナオミの人生のように、困難な人生を歩んでいく中で、希望の兆しがどこかにあることを見つけ出していくことが大切です。神から来る希望を見つけ出していくのです。ナオミは何もかも失い、空虚さを感じてはいますが、ここからルツとの新しい関係が生まれていくのです。

1章の段階では、ナオミにはまだよく見えていません。苦々しい思いでベツレヘムに戻されたと思っているナオミですが、すぐそばにはルツがいるのです。これから先、ナオミにとってルツとの関係が回復の原動力となっていきます。

私たちも神の御心がわからず葛藤する日々のなかで、ルツのように共に歩む助け人が必要です。周りにいる兄弟姉妹の存在の大切さを思いましょう。

同時に私たちも、だれかのためのルツになることができるのではないでしょうか。助けるとは、共に祈るということでもあるでしょう。ナオミの側にルツがいるということ。それは、一緒にいるためにすべてを捨てた人がいるということです。

1章はオープニングです。信仰は苦難の中で神を信頼していく決断です。それがどんなふうに進むかわからないけれど、このストーリーから受け取ることができます。神ご自身の御心を現していく方向へ展開していくのです。今後、この二人の女性がどんな風に歩んでいくのでしょう。2章から神の計画が明らかにされて行くのです。

二人への祝福から、国への祝福に、またそれはクリスチャンへの祝福の始まりでもあるのです。

（文責　飯田勝彦）

〈第29回九州ケズィック・コンベンション〉

主をお喜ばせしたいという願い

デビット・オルフォード

詩篇19篇

「私の口のことばと　私の心の思いとが　御前に受け入れられますように。
主よ　わが岩　わが贖い主よ」（14）。

第29回九州ケズィック・コンベンションにご一緒できますことを感謝いたします。

私たちは今晩、このすばらしい詩篇19篇を見てまいります。今晩のテーマは「主をお喜ばせしたいという心からの願いをもつこと」です。19篇は、神がご自分を啓示されたことを、詩のかたちでほめたたえています。1～6節は、神が造られた創造物を通して神をほめたたえ、7～10節は、み言葉を通してご自身をあらわされたことをほめたたえ、11～14節は、神の啓示に対する個人的な応答です。セッションごとにお話ししますが、今晩、特に最後の節に注目したいと思います。この詩篇で語ったことに対する応答が記されているからです。これは詩篇の記者が書いたものですが、神の言葉の一部です。ですからこのようなときにこのみ言葉が開かれるのはふさわしいことです。それは彼が神に対して新しい情熱と献身をもっているように、私たちも同じ情熱、献身を神におささげしたいからです。

今日、外は濃い霧が出ています。私たちは神との関係において霧に包まれていてはいけません。なぜなら神と私たちとの関係は、神を知ることによって形づくられるものだからです。単純なことですが、もう一度言わせていただきたい。私たちと神との関係は、私たちが神を知ることによって形づくられます。詩篇の記者は、神の啓示が被造物を通し、神の言葉を通してあらわされていることをほめたたえています。神は私たちと親密な関係を持ちたいと願っておられます。そのために、愛する御子イエス・キリストを私たちのために送ってくださいました。そのために、キリストは私たちのために十字架で死んで、私たちのために犠牲となり、罰を受けてくださいました。キリストは三日目によみがえって天に高くあげられ、聖霊を送って私たちのうちに住んでくださっています。これらのことを通して、私たちは神との生きた関係、生き生きとした交わりを持つことができるようになったのです。この交わりがすばらしい恵みなのです。神との関係において、みなさんが成長することを神は願っておられます。新約の時代に生きる私たちは、なおこの詩篇から学ぶことがあります。なぜなら詩篇の記者は神との関係において、神を求める情熱を持っていたからです。

1　主の創造の啓示を通して、主を喜ばせたいという願いの中で成長していく（1〜6節）

私たちは神が造られた被造物を味わうことを通して成長します。神はこの世界の創造主であってすべてを支配しておられます。そしてその栄光を私たちに理解してほしいと願っておられます。「天の果てからそれ（太陽）は昇り　天の果てまでそれは巡る」（6節）。太陽が昇り、沈むように、人生において時に失望することがあります。とても忙しく、プレッシャーにうまく対応することができないと感じることもあります。そのようなとき、神の偉大さに目を向けることはとても助けになります。私たちの理解を超えるほどに神の栄光はすばらしいと悟るのです。この世界のすべては神によって造られました。そこにはみなさんや私も含まれています。ですから神は私たちの関わることすべてを、助けることができるお方なのです。私はこの詩篇19篇を思い巡らしながら九州の美しい自然を思いました。私たちは神が造られたものを通して神を知り、ほめたたえることができます（1）。パウロはローマ人への手紙1章19〜21節でそのことを語っています。この啓示はすべての人に与えられる一般的な啓示です。しかし、多くの人は神のすばらしさに気づいていません。信仰の目をもって見る時にそのことがわかるのです。

2　神のみ言葉の教えを生活に適用することを通して、関係は成長していく（7〜11節）

これは神の民にあらわされる特殊な啓示です。み言葉は私たちをキリストへの信仰に導くものです。神が造られた被造物を味わうことを通して、私たちは成長していきます。さらに神のみ言葉の教えを生活に適用していくことを通して、関係は成長していくのです。聖書は、なぜキリストによって救われるのか、キリストにあって私たちがどのようにしたら成長していくのかを教えています。神の言葉は完全です。おしえ、証し、戒め、恐れ、さばき（7〜9節）、神の言葉は十分に語られています。私たちは移動するとき、正しい道を知るためにGPSや地図を用います。聖書は神のご意志に向かって私たちを導きます。主を信頼すること、愛すること、仕えること、従うことを具体的に教えます。神のみ言葉はもうそれだけで十分なのです。

次に神のみ言葉の特質を見てみましょう。み言葉は完璧な神の言葉です。信頼に足るものであり、私たちを間違ったところには導かないものです。神の言葉は純粋な言葉、きれいな言葉、正しい言葉で、それは私たちを回復させるものです。私たちは時に間違った場所に立ち、主から離れたり、苦闘したりします。けれども神の言葉は私たちを回復させてくれるのです。間違いを正し、癒し、方向を示してくださいます。ケズィックにいる間に、神はあなたに回復の言葉を語ってくださるかもしれません。方向性を正され、引き上げられ、魂をつくりかえられるかもしれません。み言葉は賢く、またシンプルです。私たちは日々生きていくために知恵が必要です。人の知恵ではなく上からの知恵が必要です。

私たちを正しい道、正しい生き方に導いてくださる神の知恵です。詩篇の記者はこのような神の言葉をほめたたえているのです。このみ言葉が私たちを喜ばせます。私たちの目を開きます。なぜならそれは神の言葉だからです。

また神のみ言葉は私たちに警告を与えます。警告というと否定的に聞えるかもしれませんが、子どもたちに良い警告を与えるのは大切なことではないでしょうか。危険を避け、悪から守られるように、み言葉は私たちに良い警告を与えます。それだけではなく、み言葉に従うときに報いがあることを教えています。報いは自分の力で勝ち取るものではなく、神に従う中で与えられます。

「それらは金よりも　多くの純金よりも慕わしく　蜜よりも蜜蜂の巣の滴りよりも甘い」(10節)。私たちがこの期間中に何か一つ決心をするとしたら、神の言葉を学ぶことを決心していただきたいと思います。み言葉を学ぶことを通して、神との関係はさらに喜びの関係へと入っていくことができるのです。

3　赦しを求め、罪に対して勝利することによって、関係は成長していく（12〜14節）

1〜6節では、神殿の外で被造物を通して、神の偉大さと栄光をあらわしてくださいました。7〜11節は、神殿の中に入ってみ言葉を通して、私たちにご自身をあらわしてくださいました。19篇の最後はとても個人的なことを語っています。神の正しさ、すばらしさに目を向けて、この詩篇の記者は圧倒されているのです。彼は12～14節において、神との関係は赦しを求め、罪に対して勝利することによって成長していくことを教えています。

最近のことですが、私の兄は心臓のバイパス手術をするために胸を切り開きました。この詩篇の記者がやっているのはちょうどそのようなことです。彼は神の前に心を開いて、隠れた罪について語り始めたのです。「だれが自分の過ちを悟ることができるでしょう。どうか隠れた罪から私を解き放ってください」(12節)。ここに彼の謙遜さを感じ取ります。彼は自分の罪深さをよくわかっていないかもしれません。しかし、彼は神の前に全くきよくありたい、神との間に何も妨げるものを置きたくないと願っているのです。個人的な罪、重要と思えないような罪であったとしても、見つけることが困難なほどに小さな罪であったとしても、神にどうぞこれらのことからきよめてくださいと願ったのです。

このような私たちの罪のために死んでくださった救い主がおられます。その主と日々共に生き、交わりの中に生き、自分の罪を告白するなら、そのお方は真実な方でありますから、すべての罪から私たちをきよめてくださるのです（ヨハネの第一の手紙1章7～9節）。この罪の赦しというのは、神がくださった最大の恵みです。けれども、それは私がここで強調したい最大のポイントではありません。私が申し上げたいのは、この詩篇の記者は神の前にきよく生きたいという、きよい願いを持っていたということです。「あなたのしもべを傲慢から守ってください。それらが私を支配しないようにしてください。そのとき私は大きな背きから解き放たれて全き者となるでしょう」（13節）。私は罪に支配されたくない、神の言葉に反することをしたくないと言っています。私たちは神が憐れみ深いお方であることを知っていますが、赦された信仰者として、なおきよく生きたいという願いをもって生きるのです。そのために聖霊がきてくださって私たちのうちに住み、私たちに力を与え、きよめ、神の道を歩くことができるようにしてくださるのです。私たちは罪を犯したなら神に告白し、神との正しい関係を取り戻し、良い関係を維持していくのです。

私たちは汚れた世界に生きています。罪はとても魅力的です。私たちはこのような時代にあって、神を愛するがゆえに、神をお喜ばせする人生を送りたいと願うのです。これは旧約聖書だけの教えではありません。ローマ人への手紙6章において、パウロは同じことを教えています。「罪があなたがたを支配することはないからです。あなたがたは律法の下にではなく、恵みの下にあるのです」（14節）。そのためにキリストは死んでくださいました。キリストが死なれたとき、私たちも一緒に死にました。そしてキリストと共に新しい命によみがえり、聖霊によって生きる者とされました。ですから詩篇の記者のように、きよい生き方をしたいという願いを私たちも持つべきなのです。それがみなさんの願いでもありますか。それが神との関係における重要なものとなっていますか。神の赦しを喜んでいますか。神がみ言葉を通し、聖霊を通して私たちを導いておられることを喜んでいますか。私たちは心の内側の深いところにおいて主を愛しているから、主がどのようなお方か知っているから、きよい生活を送りたいという願いをもつのです。
この大会が終わって帰るとき、主を愛し、主の前にきよい生活を送りたいという情熱を持たずに帰っていくとすれば、それは非常に残念なことです。神は私たちの弱さを知っておられます。神は私たちの罪によって私たちを取り扱うことはなさいません。主の赦しはすでに完全です。東が西から遠く離れているように、神は私たちの罪をすでに取り除いてくださいました。しかし神の恵みという観点から、私たちの内におられる聖霊のお働きによって、私たちは一歩一歩きよさを追い求めて歩くのです。失敗したり倒れたりすることもあるでしょう。そのときにも主の赦しがあります。失敗したからといって、私たちの神への願い、きよい生活への願いを変えてはならないのです。

最後の節の美しい祈りの言葉が私たちの応答でありたいと願います。「私の口のことばと　私の心の思いとが　御前に受け入れられますように。主よ　わが岩　わが贖い主よ」(14節)。気づいていただきたいことは、これは個人的な祈りです。みなさんはこの祈りをご自分の祈りとしてくださいますか。これは真実な祈りです。外側に出てくる言葉だけではなく心の思いまでも、すなわちすべてが御前に受け入れられますようにという願いです。そしてこれは神への直接の祈りです。私はこのような祈りの終わり方が本当に好きです。それはより頼む祈りです。自分の力に頼るのではなく、「あなたはわが岩、わが贖い主です」と告白するのです。贖い主の恵みがこれまでも、そしてこれからも続くのです。この美しい祈りの言葉は、この詩篇に対するたいへんふさわしい応答です。神の栄光を見た後に、神のみ言葉の教えに従って、罪の支配に勝利して、きよい生活を送ることを願い、このところに最後の応答がまとめられているのです。最後の節をご一緒に祈りの言葉として告白したいと思います。そのあと頭を垂れて祈りましょう。

（文責　横田法路）

あなたと私への福音のメッセージ

デビット・オルフォード

テモテへの手紙 一 1章12～17節

「わたしを強くしてくださった、わたしたちの主キリスト・イエスに感謝しています。この方が、わたしを忠実な者と見なして務めに就かせてくださったからです。以前、わたしは神を冒涜する者、迫害する者、暴力を振るう者でした。しかし、信じていないとき知らずに行ったことなので、憐れみを受けました。そして、わたしたちの主の恵みが、キリスト・イエスによる信仰と愛と共に、あふれるほど与えられました。『キリスト・イエスは、罪人を救うために世に来られた』という言葉は真実であり、そのまま受け入れるに値します。わたしは、その罪人の中で最たる者です。しかし、わたしが憐れみを受けたのは、キリスト・イエスがまずそのわたしに限りない忍耐をお示しになり、わたしがこの方を信じて永遠の命を得ようとしている人々の手本となるためでした。永遠の王、不滅で目に見えない唯一の神に、誉れと栄光が世々限りなくありますように、アーメン。」

（テモテへの手紙一　1章12〜17節）。

聖書の御言葉は真実であり、私たちが得られる福音のメッセージは良いものです。
沖縄ケズィック・コンベンションの3日間を通して、信仰、希望、愛についてメッセージを用意しています。今回は信仰について語りたいと思います。

1　キリスト・イエスは罪人を救うために世に来られた

本日の聖書箇所において、まず15節「キリスト・イエスは、罪人を救うために世に来られた」に焦点を当てたいと思います。

1　このメッセージの主題となる人物は誰でしょうか

パウロは、この世に来られたイエス・キリストであると言っています。イエス・キリストこそが福音の主題です。イエス・キリストこそ様々な問題に応えてくださるお方です。

2　このメッセージは私たちに何を語っているでしょうか

それはとてもシンプルで、イエス・キリストはこの世に来られたということです。

3　イエス・キリストはいつ、どこに来られたのでしょうか

約2000年前にベツレヘムでお生まれになりました。聖書はイエス・キリストがこの世に来られたのは、一つの国や民族のためではなく、全世界のすべての人々を救うためであったと語っています。ヨハネによる福音書3章16節に「神は、その独り子をお与えになったほどに、世を愛された」と書いてあるとおりです。

4　イエス・キリストはどのようにして、この世に来られたのでしょうか

私たちはクリスマスを祝うとき、イエスがつつましく謙虚なお方であったことを覚えます。それは、お城や宮殿のような富、名声の場で生まれたのではなく、身を低くしてこの世に来られたからです。救い主は、すべての権威を放棄し、完全な神であり、完全な人として、この世に来られました。その姿は十字架の刑を受けるまで徹底されたものでした。

5　イエス・キリストはなぜ、この世に来られたのでしょうか

イエスは、すべての罪人を救うためにこの世に来られました。

マルコによる福音書2章に取税人レビについて書いてあります。当時、取税人はあまり評判の良い者ではありませんでした。しかし、イエスは彼らと共に食事をし、律法学者たちに向かって「医者を必要とするのは、丈夫な人ではなく病人である。わたしが来たのは、正しい人を招くためではなく、罪人を招くためである」と語ったのです。

罪は病気です。そして、イエス・キリストこそ私たちを癒すことができる唯一の医者です。あなたは、イエスが罪のために十字架で死んでくださったことが、どれほど大きな祝福であるか理解していますか。

2　罪人であることの自覚

パウロは15節で「わたしは、その罪人の中で最たる者です」と素直に語っています。彼がこの手紙を書いている時、成熟したクリスチャンであったと言えるでしょう。

なぜなら、信仰の特徴は「謙遜な」生き方です。パウロは救われるまで、神を冒涜する者、迫害する者、乱暴を働く者、主に敵対する者でした。しかし、イエスは彼と出会い、そして憐れみによって救ってくださったのです。その時、パウロは自分が本当に罪人であることを自覚し、救いにあずかったことを感謝しました。イエスと出会い、彼の人生は一変しました。「私の信仰の在り方は取るに足らない、イエス様の血潮が私を新しく変えたのだ」。そのように語るパウロの信仰の源は、イエス・キリストにあります。これこそがクリスチャンであり、クリスチャンの生き方です。

3　人々の手本となる

なぜイエス・キリストは私たちを救ってくださったのでしょうか。

16節に「わたしが憐れみを受けたのは、キリスト・イエスがまずそのわたしに限りない忍耐をお示しになり、わたしがこの方を信じて永遠の命を得ようとしている人々の手本となるためでした」とあります。私たちは神の恵みを経験し、罪から贖われ、新しい命を与えられ、新しく変えられました。クリスチャンとしての歩みはそこで終わりではなく、私たちはその恵みによって模範として歩んでいくのです。パウロは救われた感謝を述べただけではなく、主のご用に立つ目的に感謝しました。パウロが使徒として召されたように、神は私たちに恵みの手本となることを望んでいます。クリスチャンがこの世とは違う生き方をしている姿、心に喜びが満ちあふれて歩んでいく姿を見ると、どうしてそのようにいられるのですかと人々は尋ねるでしょう。そこで答えてほしいのです、「それはイエス様によるのです」と、「イエス様の恵みによるものです」と。

パウロは17節で「永遠の王、不滅で目に見えない唯一の神に、誉れと栄光が世々限りなくありますように、アーメン」と結んでいます。神学に深く精通していたパウロにとっても、宣教師として遣わされたこの身にとっても、福音は新鮮な息吹となりました。パウロが「わたしは、その罪人の中で最たる者です」と告白したように、私たちも謙遜に、そして良い模範となるように歩んでいきましょう。

4　クリスチャン無神論者にならないために

あるアメリカ人の牧師が書いた本は不思議なタイトルでした。「The Christian Atheist（クリスチャン無神論者）」というタイトルです。作者はなぜそのようなタイトルをつけたのでしょう。それは、ある人々が自分はクリスチャンであると公言しながらも、その生活ぶりはあまりにもイエス・キリストからほど遠いものだったからです。礼拝に欠かさず出席すること、クリスチャンホームで育ったことは重要ではありません。作者が伝えたいことは、クリスチャンが日々の生活において真の信仰を持ち、周囲へ良い証しをしていくことです。私の祈りは、主があなたの信仰を豊かに用いて、心から主に喜び仕える者となることです。私たちを救ってくださった方が、私たちを強くしてくださり、日々目的をもって送り出してくださいます。

（文責　佐久眞武三）

〈第13回東北ケズィック・コンベンション〉

聖なるものとされている恵み

ヘブル人への手紙 10章10〜18節

竿代照夫

「このみこころにしたがって、イエス・キリストのからだが、ただ一度だけ献げられたことにより、私たちは聖なるものとされています」（ヘブル人への手紙10章10節）。

はじめに

昨夜は、エレミヤに与えられた「新契約」の恵みについてお話ししました。新契約とは、モーセを通して与えられた古い契約が、イスラエルの不服従と罪によって機能不全に陥ったことから約束された契約です。律法を守ろうとしても守れない人間の心を変えて「律法が心に植えこまれる」、つまり、神の掟を喜ぶ心が与えられるという約束です。エゼキエルはこれを「新しい心と新しい霊」と表現しました。

今晩は、このすばらしい約束がキリストによって成就したと語るヘブル人への手紙から学びます。特にキリストが成し遂げた全き救いに焦点を当てている10章を取り上げます。

A 旧約の贖いの不十分さ

さて、この10章は、旧約の生贄制度の限界を強調しています。もちろん、生贄制度が無意味であると言ってはいません。生贄制度は、罪深き人間が聖い神の前に出るとき、身代わりの血が必要であることを徹底的に教える教育的効果を持っていました。それが「律法には来たるべき良きものの影はあっても」（1節）という言葉の意味です。この章で、旧約の生贄制度が不十分である理由が三つ挙げられています。

1 繰り返される

第一は、「生贄が繰り返されていた」という点です。「律法は、年ごとに絶えず献げられる同じいけにえによって神に近づく人々を、完全にすることができません」（1節）。「年ごとに」というのは、毎年10月に行われる贖いの日の生贄を念頭に置いた言葉です。年に一度、民の身代わりとして選ばれた山羊の上に祭司が手を置いて民全体の罪を言い表し、その山羊に転嫁します。まさに、一年分の罪が転嫁され、赦されるのですが、それが繰り返されるということは、赦しが完全でないことの証拠です。

2　罪を思い出させるだけ

生贄制度は、「罪を思い出させるだけ」というのが第二の点です。「それができたのなら、礼拝する人たちは一度できよめられて、もはや罪を意識することがなくなるので、いけにえを献げることは終わったはずです。ところがむしろ、これらのいけにえによって罪が年ごとに思い出されるのです」（2～3節）。このように、一見無意味に見える生贄ですが、それが毎年繰り返されるところに教育的な意義がありました。「罪が年ごとに思い出される」ためだったのです。人間が神に近づくためには身代わりの生贄が必要であることが教えられたのです。しかしそれ以上ではありませんでした。

3　罪の深みに届かない

生贄制度は、「罪の深みに届かない」というのが第三のポイントです。「雄牛と雄やぎの血は罪を除くことができないからです」（4節）。「さらに、祭司がみな、毎日立って礼拝の務めをなし、同じいけにえを繰り返し献げても、それらは決して罪を除き去ることができません」（11節）。動物の血は「罪を除くことができない」、祭司が行う毎日の生贄も「決して罪を除き去ることができない」と、はっきりその限界を述べています。私たちは、旧約時代に生きてはいませんが、旧約的感覚の中に生きるということがあり得ます。聖日毎に、あるいは聖会毎に、罪を思い出し、悔い改め、きよめられたような気持ちになるが長続きしない。また、聖日の礼拝、聖会に戻って来て祭壇を築く、という繰り返しです。しないよりはずっと真面目ですが、この連続ではくたびれてしまいます。事実私がそうでした。聖会の度にきよめへの招きがなされ、それに応答して恵みの座に出て信仰を告白するのですが、きよめられたような気持ちは三日くらいしか続きませんでした。

小話を紹介します。ある男が毎週司祭のところに来て懺悔していました。一週間犯した罪を一つ一つ悔い改め、懺悔の祈りを捧げ、それが終わると10ドル紙幣を献金するのです。ある日、懺悔が終わってさよならをする前に10ドル紙幣を2枚司祭に渡しました。司祭は不思議に思って尋ねました。「いつも10ドルなのに、何故今日は20ドルなのですか」と。男は答えました、「来週はちょっと用事で来られませんので、2枚目の10ドルは来週犯す罪の懺悔の気持ちです」。この男にとって、懺悔室は今迄の罪だけではなく、これから犯すであろう罪の赦しの保証であったのです。罪から救われることは全く念頭になく、反対に、懺悔室において「これからも、罪を犯し続けるぞ」と宣言しているようなものだったのです。

次は本当の話です。ケニアでマカダミアナッツ工場を経営し、成功を収めた日本人のSさんの話です。彼は、工場のワーカーが物を盗んだり、不正を働くことで悩んでいました。しかも、その人々が殆どクリスチャンと称して、毎週教会に通っているのです。Sさんは私に尋ねました。「竿代さん。彼らは教会で一週間分の罪を赦してもらい、祈りを終えると、『さあ、これから悪いことをやったるでー』と張り切るんでしょうかねえ」と。私は返答に窮しました。もしこれが福音というならば、何の福音なのでしょうか。

B　キリストによって成し遂げられた完全な救い

新約聖書が保証している福音はそのようなものではありません。キリストによって成し遂げられた完全な救いを提示しています。

1　キリストの来臨

キリストは、旧約の生贄制度の不十分さを克服するために肉体を取って地上に来られました。5節に「キリストは、この世界に来て」（eiserxomai= 入り込んできて）と言われていますが、まさに彼は、別な世界からこの世に来られました。これがクリスマスです。その時、キリストの胸中にあったのは、詩篇40篇6〜7節の思想でした。「あなたはいけにえや穀物のささげ物をお喜びにはなりませんでした。あなたは私の耳を開いてくださいました。全焼のささげ物や罪のきよめのささげ物をあなたはお求めになりませんでした。そのとき私は申し上げました。『今私はここに来ております。巻物の書に私のことが書いてあります』」と。これは、ダビデが患難から救われた時に、その感謝を動物の生贄ではなく、自分を捧げる決意を表しているのですが、キリストは、動物の生贄によっても果たしえなかった真の救いを自分の身を犠牲にしてそれを果たそうという意味で、この詩を引用されました。神の御心への自発的な服従がクリスマスとその後の生涯におけるキリストのスピリットでした。

2　キリストの完全な救い

キリストが成し遂げられた救いについて、ヘブル人への手紙の記者は、最大級の言葉でその完全さを強調します。これについて、四つのことをお話しします。

①ただ一度だけ

第一の点は、「ただ一度だけ」なされたことです。「このみこころにしたがって、イエス・キリストのからだが、ただ一度だけ献げられたことにより、私たちは聖なるものとされています」(10節)。ただ一度だけとは、一度で完全な（once for all）という意味です。熟練した外科医は、患部を一度で完全に切り取ります。私は、六年前肺がんの手術を受けました。K医師は左肺の下葉を全部切除し、それだけでなく、転移していたリンパ球も、そして転移の疑いがある隣接のリンパ球も全部切除しました。K医師は「竿代さん、あなたの癌は根治しましたよ」と告げてくれました。その後も定期的に検査を受けていますが、今のところ再発も転移もありません。もし私の癌が部分的に除かれていたとすれば、心配なことです。しかし神様は熟練した外科医のように、私たちの罪を「一度だけ」の手術で取り除いてくださいます。

② 永遠に

第二は、その効果は永遠的なものだという点です。「なぜなら、キリストは聖なるものとされる人々を、一つのささげ物によって永遠に完成されたからです」(14節)。「永遠」とは、過去、現在、未来のすべての罪を解決し、繰り返す必要のないほど徹底的にそれを成就されたことを意味します。紀元1世紀になされた救いは、21世紀の現在も有効です。

③過去の罪の完全な赦し

第三は、過去の罪の完全な赦しをもたらすものだということです。『わたしは、もはや彼らの罪と不法を思い起こさない』……罪と不法が赦されるところでは、もう罪のきよめのささげ物はいりません」（17～18節）。過去の罪の徹底的な赦しを宣言しています。私たちが、どんなに恥ずかしかった過去を持っていたとしても、主はそれらを「思い起こさない」と宣言しておられます。言うまでもなく、これはエレミヤの新契約預言の中心です。エレミヤは、「わたしが彼らの不義を赦し、もはや彼らの罪を思い起こさないからだ」（エレミヤ書31章34節）と預言しました。

④現在的な罪への勝利

第四に、キリストの救いは、現在的な罪に対する完全な勝利をもたらします。「聖霊もまた、私たちに証ししておられます。というのも、『これらの日の後に、わたしが彼らと結ぶ契約はこうである。――主のことば――わたしは、わたしの律法を彼らの心に置き、彼らの思いにこれを書き記す』」（15～16節）。これは、まさにエレミヤ預言（31章33節）の核心です。ヘブル人への手紙9章14節にも、キリストの救いの徹底ぶりが宣言されています。「まして、キリストが傷のないご自分を、とこしえの御霊によって神にお献げになったその血は、どれだけ私たちの良心をきよめて死んだ行いから離れさせ、生ける神に仕える者にすることでしょうか」。この救いが一人一人にあてがわれるとき、私たちはきよめられ、贖われたと言い得るのです。どうか「人間は罪深いものであり、一生涯その縄目から逃れられない、逃れる筈がない、だから、私はその中に留まっても構わない」というサタンの囁きに従わないようにしてください。

高校生時代の忘れられない思い出があります。英語の授業で、副読本はディケンズの『キリスト物語』でした。都立高校なのに不思議な話でした。十字架物語に差し掛かった時、私の隣のT君が質問しました。「先生、It is finished を辞書で引くと『万事窮す』とありますが、キリストは十字架の上で万事窮したのでしょうか」。英語の先生は「さあ、どうでしょうねえ。このクラスにクリスチャンの人はいますか」とクラスに問うたのです。私はやむなく手を挙げました。「何かが終わった」というような意味かと思いますが……」と答えて力なく座りました。ギリシャ語を学ぶようになって、真っ先にこの言葉を探しました。この言葉が「欠けのないほどに全うされた、完了した」(tetelestai) という意味だと発見した時、私の心は踊りました。その時私は、罪への弱さに悩んでいたからです。

C　完全な救いと不完全な信仰者のギャップ

さて、こんなに完全な救いがキリストによって成し遂げられたのに、どうも自分の現実はそれにそぐわないというギャップを感じている人が多いのはなぜでしょうか。私たちの努力や精進が足りないからなのでしょうか。今日のテキストであるヘブル人への手紙10章19～23節にその答えがあります。「私たちはイエスの血によって大胆に聖所に入ることができます。イエスはご自分の肉体という垂れ幕を通して、私たちのために、この新しい生ける道を開いてくださいました。また私たちには、神の家を治める、この偉大な祭司がおられるのですから、心に血が振りかけられて、邪悪な良心をきよめられ、からだをきよい水で洗われ、全き信仰をもって真心から神に近づこうではありませんか。約束してくださった方は真実な方ですから、私たちは動揺しないで、しっかりと希望を告白し続けようではありませんか」。このみ言葉から「信仰に立つ」という所作と、「信仰に立ち続ける」という姿勢を学びます。

1　信仰に立つ

配電工事が万全なのに電気が流れないとすれば、スイッチが問題なのです。そのスイッチとは信仰のことです。22節に「全き信仰」と記されているのは、そのスイッチのことです。キリストが私の救いのために十字架にかかり、全き救いを成し遂げてくださり、しかも今も生きて「ご自分によって神に近づく人々を完全に救うことがおできになる」（ヘブル人への手紙7章25節）ことを額面通り信じ切ることです。裏返して言えば、私自身には、きよきを生きる力は全くないことを認め、告白することです。実は、私はこのことが分からず、随分遠回りをしました。「聖会大好き少年」でしたから、恵の座に出ては「信仰」を告白するのですが、次の瞬間には「本当にそうなるのかな」と疑ってしまうのが常でした。規律ある生活をできない自分、他人の言葉で心乱される自分、異性の誘惑に動かされる自分を発見しては落ち込んでしまいました。ある時、信じ切ることと真実な心でそれを告白することの大切さを指摘され、そのように告白し、委ねました。電撃的経験ではありませんでしたが、「これで良かったのだ」という静かな頷きが与えられました。

2 信仰に立ち続ける

さて、どこかではっきりと信仰に立つことは大切ですが、もっと大切なのは、その信仰に立ち続けることです。これは努力の問題ではなく、心の持ち方の問題です。信仰とは、急行列車のデッキに立って、振り落とされないように、必死にしがみ付いて行くようなイメージではありません。自分の力をゼロと認め、神の全能を信じて、そこに安住し、より頼むことです。「信じる」という動詞は、ある固い物体に自分の体重をあずける仕草を示す言葉です。ですから、信仰を告白したら、その信仰姿勢を続けることはもっと大切です。

例えば、誘惑が襲ってきたとしましょう。頑張るぞと戦うのではなく、自分の非力を認めて「どうか助けてください」と祈り、委ねるのです。勝利や祝福をいただいた時「どうだ、俺も捨てたものではない」と自慢しないで「プレイズ・ザ・ロード」と言って全ての栄光を主にお返しするのです。誤解や中傷を浴びて落ち込む時にも、「私は人の非難を浴びて当然のような愚か者です、だからあなたに頼ります」と開き直るのです。私はこの信仰に立ち続けてきましたし、それが本当に楽で、すばらしいことと申し上げることができます。

終りに

聖会を締めくくる夜、ここにおられる全ての方が、主イエスの与えて下さった全き救いに対する信仰を告白し、聖会が終わっても、その信仰に立ち続けなさることを祈ってやみません。

あとがき

　春から夏を経て晩秋まで、絶えずわたしの前に課題として突きつけられていた今年のケズィック・コンベンション説教集も、ようやくあとがきを書くところまでこぎ着けることができました。わたしは催促が苦手なのです。待って、待って、もうこれ以上待てないというところまで待ってしまいます。今年もそんな感じでした。

　執筆者（中には説教者ご自身の場合もあります）から原稿が届くと、わたしも直に聞いた説教からは恵みを再確認し、新しく読む説教からは新しい恵みをいただきます。この説教集を、皆様にもそのようなものとしてお届けできているでしょうか。

　2月の初めに沖縄で始まるケズィックの動きは、途中少し変則的な部分もありますが、南から北へと北上していきます。中でも埼玉県の森林公園では、その恵みがクライマックスに達します。今年も森林公園のすべての説教と、各地区からの珠玉の説教を掲載することができました。ご執筆いただいた方々お一人ひとりに、感謝を申し上げます。

序文で中央委員会事務局長の錦織 寛先生が書いておられますが、本場の英国ケズィックでは、「イヤーブック」として説教集が刊行されています。その名の通り、これは２０１９年日本ケズィックの記録なのです。ぜひお手元に置いて読み返し、信仰の友に紹介していただけたらと願います。

盟友のＹ牧師とよく夢を語ります。「いつか英国ケズィックに行ってみたい。バックパックで行くのもいいね」。この夢を最初に語り合ってから十年以上経ってしまいましたが、いつか実現することを楽しみにしながら、そろそろバックパックはきついかと思ったりもします。

今年も浅草橋教会の田畠照子さんには、最初の校正でお世話になりました。また忍耐をもって待ってくださった株式会社ヨベルの安田さんには、お世話になりました。

日本ケズィック・コンベンション中央委員会
出版担当　大井　満

２０１９年11月7日

2019 ケズィック・コンベンション説教集

聖なるたたずまい

Christlikeness

2019 年 12 月 25 日　初版発行

編　集－大井　満

発　行－日本ケズィック・コンベンション

〒 101-0062　東京都千代田区神田駿河台２－１　OCC ビル内

TEL 03-3291-1910（FAX 兼用）

e-mail：jkeswick@snow.plala.or.jp

発　売－株式会社ヨベル

〒 113-0033　東京都文京区本郷４－１－１

TEL 03-3818-4851

印　刷－中央精版印刷株式会社

定価はカバーに表示してあります。

配給元－日キ販　東京都新宿区新小川町 9-1　振替 00130-3-60976　TEL03-3260-5670

ISBN 978-4-909871-10-7　Printed in Japan ⓒ 2019